Aus Fehlern lernen – Förderdiagnostik

Katrin Hasenbein

Was die Förderdiagnostik leistet und was nicht

Die «Förderdiagnostik Mathematik» stellt eine ausführliche **Diagnostik der Fertigkeiten und Denkstrategien** eines Kindes im Bereich Mathematik dar, orientiert an den jeweiligen Anforderungen der **Klassen 1 – 4**. Die Diagnostik zeichnet sich dadurch aus, dass durch ausführliche **Einzeltestung** und detaillierte Nachfragen die individuellen Denkfehler bzw. Fehlstrategien des Kindes nachvollzogen werden können.

Ziel ist es – und darin wird der förderdiagnostische Zweck deutlich – zu helfen, **Ansatzpunkte für die individuelle Förderung** von Kindern mit Schwierigkeiten in Mathematik zu erkennen. Der Test zeigt an, in welchen Bereichen der Mathematik die möglichen Schwierigkeiten des Kindes liegen:

- im Zahlbegriff (Mengen, Relationen)?
- im Verständnis der Operationen?
- im Bereich der regelgerechten Anwendung von Rechengesetzen?
- beim Rechnen nach Stellenwerten («schriftliches Rechnen»)?
- bei den Textaufgaben?

Weiterhin ist die Förderdiagnostik Mathematik hilfreich, wenn festgestellt werden soll, ob das Kind überhaupt einer Förderung bedarf und wie tiefgreifend diese sein sollte. Der Test liefert auch Hinweise darauf, ob das Kind eine Dyskalkulie hat.

Allerdings ist die Förderdiagnostik keine Leistungsdiagnostik, die Normen dafür bietet, ob ein Kind das Klassenziel erreicht hat. Man erhält durch sie eine qualitative Aussage über den Lernstand des Kindes, keine quantitative Einschätzung des Leistungsstandes.

Für wen die Förderdiagnostik gedacht ist

Die Förderdiagnostik ist ein Einzeltest. Das Verfahren kann in den Klassen 1 – 4 der Grundschule eingesetzt werden. Auf diese Klassenstufen beziehen sich auch die Schülerarbeitsbögen. Weiterhin kann es zu Beginn des 5. Schuljahres sinnvoll zur Feststellung der Lernausgangslage eines Kindes verwandt werden. Wird die Förderdiagnostik bei einem Kind eingesetzt, das die Sonderschule besucht, muss die Auswahl der Aufgaben entsprechend angepasst werden.

Adressaten der Förderdiagnostik sind alle **Grundschullehrerinnen und -lehrer, vor allem diejenigen, die den Mathematik-Förderunterricht an Schulen durchführen, sowie Lerntherapeutinnen und -therapeuten und Sonderpädagoginnen und -pädagogen,** die für ein bereits auffällig ge-

wordenes Kind den Förderbedarf ermitteln oder ein Förderprogramm entwickeln sollen. Die Lehrerinnen und Lehrer des Förderunterrichts kennen die Kinder der Gruppe häufig nicht, da die Fördergruppen klassenübergreifend, wenn nicht jahrgangsübergreifend zusammengestellt sind. Mit diesem einfach durchzuführenden Verfahren kann die Lehrkraft die individuellen Stärken und Schwächen der Kinder feststellen und entsprechend fördern.

Der Untersucher sollte sich grundlegend mit der Systematik des Zahlensystems und den Gesetzmäßigkeiten der vier Grundrechenarten auskennen, um die Gedankengänge des Kindes anhand seiner Berechnung und Erläuterungen nachvollziehen zu können.

Welche Annahmen hinter der Förderdiagnostik stehen

Die Gestaltung der Förderdiagnostik basiert auf den Theorien von Piaget und Aebli: Mathematische Denkprozesse gehen von konkreten Handlungen aus, werden nach und nach verinnerlicht und entwickeln sich so zu abstrakten flexiblen Rechenstrategien (vgl. z. B. Grissemann/Weber 1993, S.12–14). Dieser Prozess der Ausbildung von inneren Vorstellungsbildern und der Verinnerlichung von Operationen läuft stufenweise ab und kann entsprechend auf unterschiedlichen Stufen gestört oder ungenügend ausgebildet worden sein. Grundlegend ist dafür die Unterscheidung der Ausbildung des Zahlbegriffs und des Operationsverständnisses.

Zahlbegriffsschwäche

Die Zahlbegriffsschwäche bezeichnen Grissemann/Weber als «fundamentalste Rechenschwäche» (1993, S.15), d. h. hier ist der Verinnerlichungsprozess auf einer ganz frühen Stufe, quasi an der Basis gestört.

Um eine sichere innere Vorstellung des Zahlbegriffs zu bilden, ist sowohl eine Klassifikationsleistung (Verständnis der Klassenverschachtelung, Betrachtung der gesamten Menge) als auch Seriationsleistung (Verständnis des Rangstellungssystems, Betrachtung des letzten Objekts der Menge) nötig. Kindern mit einem unsicheren Zahlbegriff ist oft die Verbindung dieser beiden Dimensionen nicht gelungen. «Wenn Kinder diese synthetisch-integrative Leistung nicht zustande bringen [...], ist der Aufbau und das strukturelle Verständnis der elementaren arithmetischen Operationen nicht möglich» (a. a. O., S.16). Hinweise auf derartige Schwächen beim Kind liefert die Förderdiagnostik zum Beispiel bei der Mengenbestimmung, den Größenvergleichen, der Unterscheidung von Ordinal- und Kardinal-zahl, der Bestimmung von Vorgänger und Nachfolger etc.

Weiterhin kann sich ein mangelhafter Zahlbegriff beim Kind in Verständnisschwierigkeiten beim Stellenwertsystem zeigen. Dem Kind fehlt dann die Einsicht in den Vorgang der Bündel-ung in Zehnereinheiten oder in das dekadische Positionssystem der Zahlendarstellung.

Entsprechende Informationen kann man den Aufgaben der Förderdiagnostik zum Stellenwertsystem direkt sowie zum schriftlichen Rechnen entnehmen.

«Die im Zahlbegriff enthaltenen logischen Beziehungen dürf-ten die Grundlage des operativen Denkens im Rechnen über-haupt sein» (a. a. O., S.18). Stellt man bei einem Kind derartige Schwächen fest, ist auf jeden Fall eine intensive Förderung angezeigt.

Schwäche beim Operationsverständnis

Störungen auf einer späteren Stufe zeigen sich im lückenhaften Aufbau oder in der Anwendung der Operationen. Solche Schwächen können beispielsweise bei Kindern entstehen, die langsam lernen. Sie verlieren beim Verinnerlichungsprozess häufig den Anschluss und greifen dann auf Automatisierungs-prozesse zurück, ohne dass ihnen das zugehörige operative Verständnis zur Verfügung steht (vgl a. a. O., S. 20). Diese mangelnde operative Flexibilität zeigt sich zum Beispiel in Schwierigkeiten bei Textaufgaben sowie in starren Rechenstra-tegien, die den Aufgaben nicht individuell angepasst werden. Auch das regelwidrige Anwenden von Rechengesetzen, wie zum Beispiel die Generalisierung des Kommutativgesetzes auf die Subtraktion, weist auf mangelndes operatives Verständnis beim Kind hin (Bsp.: 61 – 25 wird gerechnet 60 – 20 und 5 – 1). Allerdings wäre diese Schwäche eine Störung auf später Stufe des Verinnerlichungsprozesses und somit eher nicht schwerwiegend, falls die Probleme sich darauf beschränken.

Weitere Störungen im Bereich der Operationen:

- das Kind ist im Aufbau der Operationen auf einer konkre-ten Stufe stehen geblieben, der Übergang zur Abstraktion ist unvollständig («Konkretismus»); zeigt sich zum Beispiel in Fingerrechnen, das bis weit ins zweite Schuljahr hinein beibehalten wird, oder anderen Gegenstandsmanipula-tionen.
- auditive Kurzspeicherungsschwäche; diese wirkt sich vor allem beim Kopfrechnen, bei dem mehrere Schritte nach-einander vollzogen werden müssen, für das Behalten von Zwischenergebnissen ungünstig aus. Dies könnte auch ein Hinweis auf ein Aufmerksamkeitsdefizit sein.
- Probleme in der Zehnerüber- oder -unterschreitung; dieser besonderen Schwierigkeit liegt eine Mischung aus man-gelndem Operationsverständnis und Zahlbegriffsschwäche zu Grunde.

Auf diesem Hintergrund kann man mit Hilfe der Förderdia-gnostik feststellen, auf welcher Stufe das Unverständnis oder die Lücken des Kindes beginnen und wie tiefgreifend eine evtl. nötige Förderung oder Therapie sein sollte.

Wie die Diagnostik aufgebaut ist

Die Förderdiagnostik Mathematik besteht aus drei Teilen:

- den **Schülerarbeitsbögen**: Für jede Klassenstufe der Schuljahre 1–4 liegt ein speziell auf diese Schulstufe zuge-schnittener, kopierfähiger Arbeitsbogen vor; die Kinder füllen diese Bögen selbst aus, d. h. ihr Bestand muss regel-mäßig aufgestockt werden.

- den **Durchführungsleitfäden für den Untersucher**: Diese sind genau auf die entsprechenden klassenspezifi-schen Schülerarbeitsbögen abgestimmt. Sie enthalten die Aufgaben, die das Kind rechnet und deren Ergebnisse (innerhalb der Rahmen) sowie eine ausführliche Anleitung zum Untersucherverhalten: Welche *Anweisung* sollte man dem Kind geben, bevor es beginnt? Was sollte man *beach-ten*, während das Kind rechnet? Wie soll man nach der Bearbeitung der Aufgabe noch einmal *nachfragen*? Die Fragen sind möglichst offen formuliert, um das Kind nicht durch die Frage schon in Richtung einer sinnvollen Antwort zu lenken. Dadurch wirken sie evtl. etwas unspezi-fisch oder wenig mathematisch. Sie haben sich jedoch bei der Erprobung als hilfreich und sinnvoll erwiesen.

- dem **Auswertungsleitfaden**: Auch er ist nach den einzel-nen Klassenstufen unterteilt und erläutert ausführlich für jede einzelne Aufgabe, welche Leistungen dem Kind abver-langt werden, welche Fehler typischerweise auftreten kön-nen und auf welche Schwächen fehlerhafte Lösungen hin-weisen. Zusätzlich werden drei Aufgabentypen, die in meh-reren Aufgabenblöcken vorkommen (Umkehraufgaben, Platzhalteraufgaben und Aufgaben mit Null), am Ende in ihrer Besonderheit und Aussage zusätzlich erläutert.

Aufbau der Schülerarbeitsbögen

Die Arbeitsbögen enthalten arithmetische Aufgaben aus allen Inhaltsbereichen, die am Ende des jeweiligen Schuljahres von den Kindern verlangt werden. Sie orientieren sich dabei an den Lehrplänen der Bundesländer. Jedoch werden nicht nur die Inhalte abgeprüft, die das Kind in seinem Schuljahr neu hinzu gelernt hat. Entsprechend der Forderung von Röhrig (1996, S.66) wurden zusätzlich auch Aufgaben zu den für das Schul-jahr nötigen mathematischen Basisfähigkeiten und Vorausset-zungen aus den vorigen Schuljahren aufgenommen. Beispiels-weise ist sicheres Addieren und Subtrahieren mit Zehnerüber-gang im Zahlenraum bis 20 Voraussetzung für die Addition und Subtraktion im Zahlenraum bis 1000. Deshalb beginnt der Ar-beitsbogen für Klasse 3 bereits mit Aufgaben aus dem ersten Schuljahr.

Die Aufgaben wurden systematisch in
a) der Ziffern- und Zahlenstruktur und
b) der Verknüpfungsform variiert (vgl. Ingenkamp 1994, S.19).

Zu a): Die Variation der Ziffern- und Zahlenstruktur geschieht hinsichtlich der Anzahl der benötigten Ziffern, der Notwendig-keit von Zehnerüberschreitung/ -unterschreitung sowie dem Vorhandensein einer Null und zwar mit aufsteigender Schwie-rigkeit (E ± E ohne ZÜ, E ± E mit ZÜ, ZE ± E ohne/mit ZÜ, ZE ± ZE etc.)

Zu b): Innerhalb einer Schwierigkeitsstufe wird zusätzlich eine Variation der Verknüpfungsform vorgenommen:

- das Ergebnis wird gesucht: (a + / – / · / : b = x).
- einer der Summanden/Faktoren etc. wird gesucht, «Platzhalteraufgaben»: (a + / – / · / : x = b) oder (x + / – / · / : b = a).
- die Verknüpfung muss gefunden werden, «Textaufgaben».

Die Staffelung der Aufgaben nach Schwierigkeiten innerhalb eines Arbeitsbogens geschieht in der Reihenfolge, in der die Kinder sie in der Regel im Laufe der Schulzeit lernen. So ist das Beherrschen der ersten Aufgaben eines Bogens Voraussetzung für spätere Aufgaben. Allerdings gilt dies nur innerhalb einer Klasse von Rechenarten (Addition/Subtraktion vs. Multiplikation/Division), denn die Multiplikation kann zum Beispiel durchaus gut beherrscht werden, obwohl das Kind bei der Subtraktion im Zahlenraum bis 100 Probleme hat.

Wie man vorgehen sollte

Die Förderdiagnostik ist ein Einzeltest, d. h. man kann nur ein Kind zur Zeit überprüfen. Das hat den Vorteil, dass man die individuellen Fehler des Kindes erkennen und nachvollziehen kann. Erklärt einem das Kind beispielsweise, dass es bei 19 – 3 = 15 gerechnet habe: «die 19 weg, die 18 weg, die 16 weg, ergibt 15», so kann man daraus schließen, dass dieses Kind noch zählend rechnet und keine Zehneranalogie verwendet. Zum anderen kann man erkennen, dass es in der Umkehrbarkeit der Zahlenreihe noch unsicher ist. Hier liegen also sowohl Schwächen im Zahlbegriff als auch in den Operations- und Zähltechniken vor. Daraus kann man dann eine individuell zugeschnittene, gezielte Förderung ableiten – nicht nach dem Gießkannenprinzip, bei dem einfach ein paar zusätzliche Zettel zu dem Thema gerechnet werden, das gerade im Unterricht besprochen wird.

Die Bearbeitung eines Schülerarbeitsbogens dauert etwa eine Stunde, je nach Rechentempo und Ausführlichkeit der Erläuterungen des Kindes.

Vor Beginn der Testdurchführung legt man dem Kind den entsprechend ausgewählten Schülerarbeitsbogen und einen Stift vor; der Untersucher selbst sollte den Durchführungsleitfaden sowie Papier für Notizen zur Hand haben. Der Schwerpunkt der Untersuchung liegt auf den Erläuterungen des Kindes, wie es gerechnet hat. Denn einem falschen Ergebnis kann entweder ein größtenteils richtiger Rechenweg mit kleinen Ziffernfehlern oder eine grundlegend falsche Denk- oder Rechenstrategie zu Grunde liegen. Der Untersucher soll das Kind jeweils auffordern «laut vorzudenken, was es sich zu einzelnen Ansätzen und Rechenschritten gedacht hat. Nur so erschließt sich der geistige Zusammenhang, in dem bei manchen Aufgaben richtige Ergebnisse, falsche Teilergebnisse und unverstandene Problemstellungen entstehen können» (Röhrig 1996, S. 69). Die Erklärungen des Kindes zu seinem Rechenweg sollten – vor allem bei fehlerhaften Berechnungen – ausführlich notiert werden, um diese hinterher in Ruhe differenziert auswerten zu können. Den Durchführungsleitfaden hingegen wird man nach einiger Übung in der Anwendung des Verfahrens nicht mehr benötigen.

Das Kind wird nicht darauf hingewiesen, wenn es fehlerhaft rechnet. Der Untersucher sollte sowohl die Ergebnisse als auch die Erläuterungen des Kindes gar nicht oder lediglich mit gleichbleibender Zustimmung kommentieren. Falls man abse-

hen kann, dass ein Aufgabenblock vermutlich nicht gelöst werden kann, sollte man diesen dem Kind gleich erlassen.

Auch mit den Angaben der Klassenstufen auf den Schülerarbeitsbögen sollte man flexibel umgehen. Die Einteilung wurde nach den Inhalten vorgenommen, die am Ende des Schuljahres vorhanden sein sollten. Überprüft man ein Kind also am Anfang des Schuljahres, sollte man den Bogen des vorigen Schuljahres wählen und ihn eventuell durch einige Aufgaben aus dem aktuellen Bogen ergänzen. Testet man mitten im Schuljahr, so lässt man aus dem schuljahrspassenden Bogen eventuell einige Aufgaben weg, die noch nicht Unterrichtsinhalt gewesen sind. Wenn man feststellt, dass das Kind schon bei den ersten Aufgaben des gewählten Bogens Schwierigkeiten hat, sollte man ebenfalls den vorhergehenden Bogen einsetzen. Am flexibelsten ist man, wenn man immer zwei Schülerarbeitsbögen bereitliegen hat: den des Schuljahres, das das Kind aktuell besucht, und den des vorigen Schuljahrs. So kann man die Aufgaben spontan dem sich abzeichnenden Leistungsstand des Kindes anpassen.

Wie man die Testergebnisse auswerten kann

Zur Auswertung sollte man den vom Kind ausgefüllten Arbeitsbogen, die eigenen Notizen und den Auswertungsleitfaden vorliegen haben.

Die Förderdiagnostik Mathematik legt den Schwerpunkt der Auswertung auf die qualitative Analyse der Denk- und Rechenstrategien des Kindes. Aufgabenblock für Aufgabenblock soll daraufhin analysiert werden, ob ein Kind systematisch ähnliche Fehler macht, Rechengesetze regelwidrig anwendet oder sogar grundlegende Zahl- und Operationsvorstellungen lückenhaft sind. Der Auswertungsleitfaden liefert ausführliche Hinweise dazu, welche Informationen man dem Rechenweg des Kindes entnehmen kann.

Hier einige Empfehlungen für die Entscheidung hinsichtlich der Förderung des getesteten Kindes anhand der erkannten Schwächen:

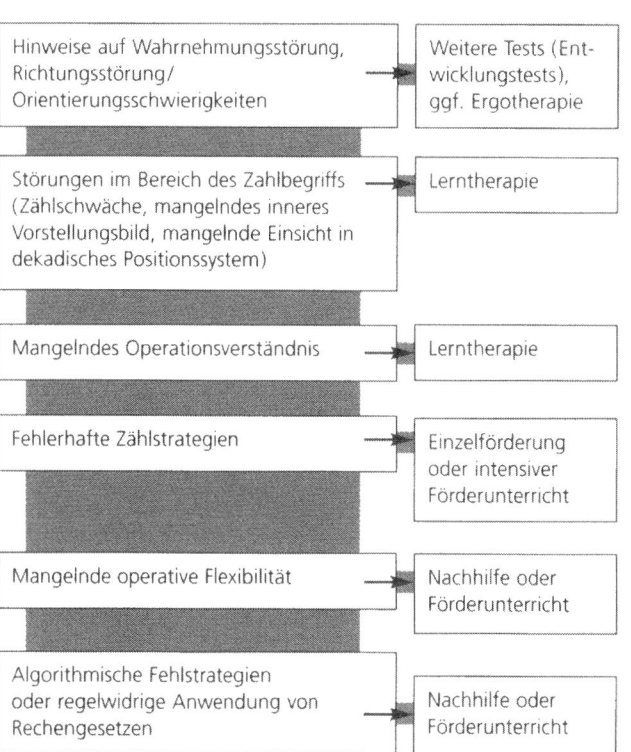

Hinweise auf Wahrnehmungsstörung, Richtungsstörung/ Orientierungsschwierigkeiten	Weitere Tests (Entwicklungstests), ggf. Ergotherapie
Störungen im Bereich des Zahlbegriffs (Zählschwäche, mangelndes inneres Vorstellungsbild, mangelnde Einsicht in dekadisches Positionssystem)	Lerntherapie
Mangelndes Operationsverständnis	Lerntherapie
Fehlerhafte Zählstrategien	Einzelförderung oder intensiver Förderunterricht
Mangelnde operative Flexibilität	Nachhilfe oder Förderunterricht
Algorithmische Fehlstrategien oder regelwidrige Anwendung von Rechengesetzen	Nachhilfe oder Förderunterricht

Wie die Förderdiagnostik entwickelt wurde

Bei der Entwicklung der Förderdiagnostik Mathematik wurden die Forderungen, die Röhrig an die Diagnostik von Rechenfehlern stellt, zu Grunde gelegt (1996, S. 66–69). Als oberstes Ziel gilt demnach, mit der Diagnostik nicht bei den Symptomen stehen zu bleiben, d. h. bei den sichtbaren Ergebnissen, sondern die dahinter liegenden Ursachen der Fehler aufzuspüren.

Deshalb wurde die Förderdiagnostik zum einen «so konzipiert, dass nicht nur der aktuelle Unterrichtsstoff und letzte Wissensstand einer Testperson auf dem Prüfstand stehen. Vielmehr sollten auch vorgelagerte Elementaria der Mathematik in den Test eingehen» (Röhrig, S. 66). Jeder Arbeitsbogen ist also von den Inhalten her «nach oben» begrenzt durch den aktuellen Kenntnisstand des Kindes, d. h. das, was es in seinem Schuljahr bereits gelernt hat. Nach unten ist die Grenze jedoch offen zu basalen Fähigkeiten als Voraussetzung für die aktuellen Inhalte.

Zum anderen nimmt die Förderdiagnostik Mathematik keine ausschließlich ergebnisorientierte Fehlersuche vor, sondern beinhaltet eine Befragung der Testpersonen nach ihren Denkmustern. Der Rechenweg ist entscheidender als das sichtbare Ergebnis. Diese Befragung bezieht auch die richtigen Ergebnisse mit ein, denn es «können falsche Denk- und Rechenstrategien zu durchaus richtigen Ergebnissen führen» (ebd.), d. h. «der verkehrte Rechenweg ist dem Rechenergebnis nicht in jedem Fall anzusehen» (a. a. O., S. 67).

Nach der Entwicklung nach diesen Gesichtspunkten wurde das Verfahren von der Autorin an der Schülerpopulation einer Osnabrücker Grundschule probeweise angewandt:

- Auswahlkriterium für die Kandidaten:
  «schwache Rechner» (n = 16)
- weiblich: n= 11, männlich: n = 5;
  Kandidaten je Klassenstufe: n = 4

Das Verfahren erwies sich als praktikabel für den Untersucher, als angemessen und nicht demotivierend für die Kinder und als aussagekräftig in seinen Ergebnissen. (Die Autorin verfasste Lernstandsberichte für die Klassenlehrerinnen/Förderlehrerinnen der Kinder. Diese meldeten zurück, dass die Ergebnisse sehr aufschlussreich und hilfreich für sie gewesen seien.)

Des Weiteren wurde die Förderdiagnostik mehrfach in einer kinder- und jugendpsychotherapeutischen Praxis bei der Diagnostik von Kindern mit Verdacht auf Dyskalkulie erprobt. Dort lieferte sie einerseits aussagekräftige diagnostische Ergebnisse. Andererseits konnte die Therapeutin auf der Grundlage der Testergebnisse die Eltern hinsichtlich der weiteren Förderung ihres Kindes beraten.

Literatur

Grissemann, H./Weber, A.: Grundlagen und Praxis der Dyskalkulietherapie. Bern 1993

Ingenkamp, K. (Hrsg.): Diagnostikum: Basisfähigkeiten im Zahlenraum 0 bis 20 (DBZ1). Göttingen 1994

Lorenz, J. H.: Kinder entdecken die Mathematik. Braunschweig 1997

Radatz, H./Schipper, W.: Handbuch für den Mathematikunterricht an Grundschulen. Hannover 1983

Röhrig, R.: Mathematik mangelhaft. Reinbek 1996

❶ a) Wie viele sind das?

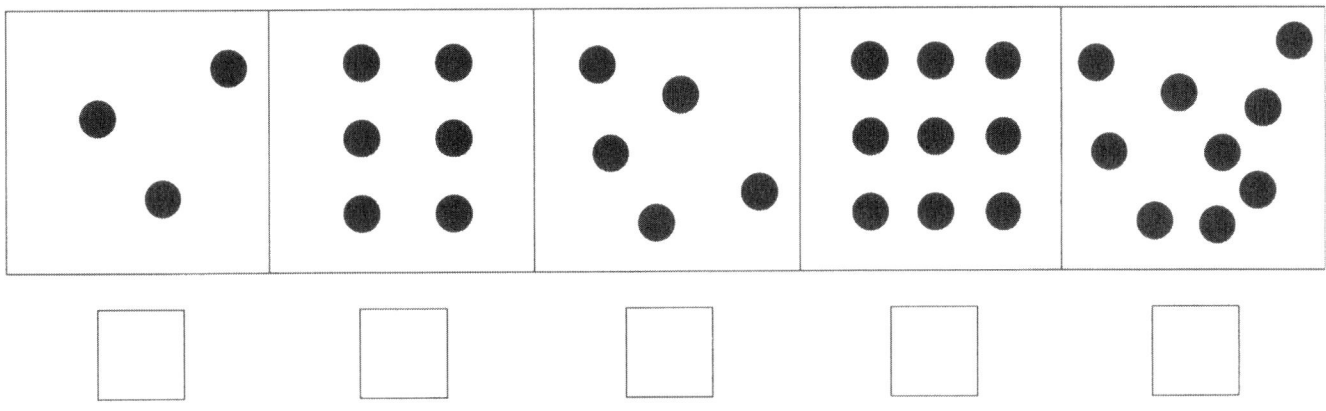

☐   ☐   ☐   ☐   ☐

b) Zähle von 5 bis 20: 5, 6, …   Zähle rückwärts: 16, 15, 14, …

c) Wie heißen die Vorgänger und die Nachfolger?

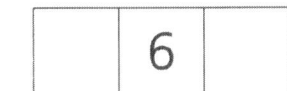      

d) Kreuze an: die 3. Kugel, die 7. Kugel, die 11. Kugel.

❷ a) Wo sind mehr? Oben oder unten?

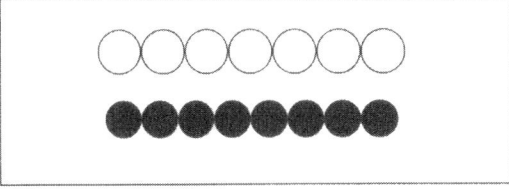   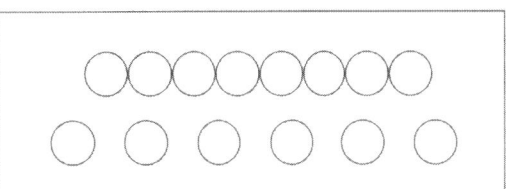

b) Größer oder kleiner? (<, >)

7 ◯ 12   8 ◯ 5   15 ◯ 9

c) Ordne der Größe nach.

11, 6, 16, 8, 3, 19: _____

❸

$5 + 2$ = _____	$7 - 2$ = _____	$6 +$ _____ $= 10$
$3 + 6$ = _____	$9 -$ _____ $= 3$	_____ $+ 3 = 10$
$7 + 0$ = _____	$6 - 2$ = _____	$10 - 5$ = _____
$2 +$ _____ $= 8$	$5 - 0$ = _____	$10 -$ _____ $= 2$
_____ $+ 4 = 7$	_____ $- 1 = 6$	

❹

$16 + 3$ = ____	$19 - 3$ = ____
$11 + 0$ = ____	$14 - 2$ = ____
$12 + 4$ = ____	$17 - 0$ = ____
$10 +$ ____ $= 15$	$16 -$ ____ $= 11$

❺

$5 + 7$ = ____	$13 - 6$ = ____
$8 + 6$ = ____	$11 - 8$ = ____
$4 +$ ____ $= 11$	____ $- 7 = 9$
____ $+ 9 = 15$	$12 -$ ____ $= 4$

❻ Lara hat 8 Sticker gesammelt. Ihre Tante schenkt ihr noch eine Tüte

mit 4 Stickern darin. Wie viele Sticker hat Lara jetzt?

_____

Lukas hat 17 Fußballkarten.

Er spielt mit seinem Freund und verliert 3 Karten dabei.

Wie viele Fußballkarten hat er noch?

_____

1 a) Wie viele sind das?

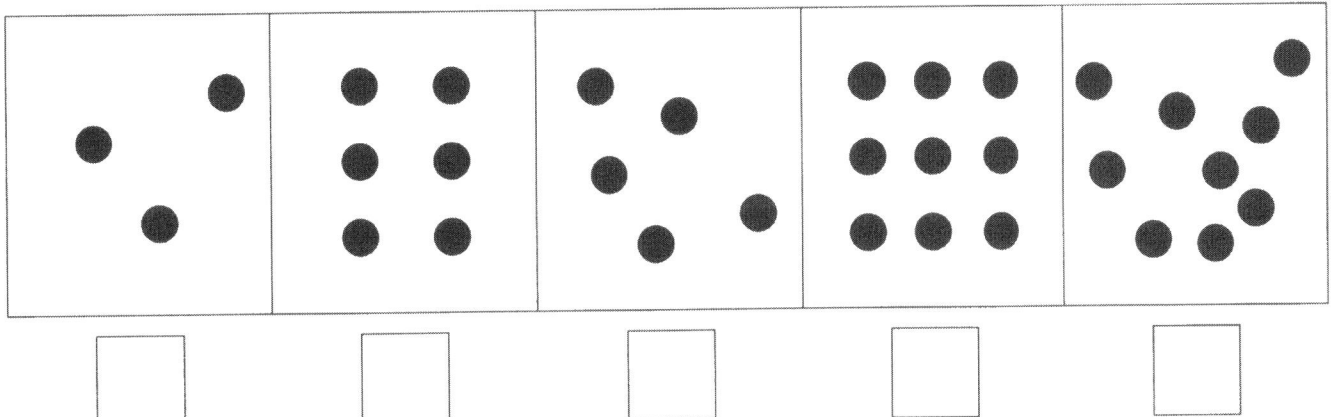

b) Zähle von 38 bis 52.   Zähle rückwärts von 82 bis 68.

c) Wie heißen die Vorgänger und die Nachfolger?

_____ , 10, _____   _____ , 15, _____   _____ , 39, _____   _____ , 70, _____

2 a) Größer oder kleiner? (<, >)

7 ◯ 12   15 ◯ 9   28 ◯ 82   73 ◯ 79   41 ◯ 36   60 ◯ 57

b) Ordne nach der Größe.

76, 56, 39, 92, 51, 34, 87: _____

c) Ordne. Fange mit der größten Zahl an.

67, 43, 84, 76, 21, 30: _____

3
$5 + 7 =$ _____ $12 - 7 =$ _____

$8 + 6 =$ _____ $14 - 8 =$ _____

$7 + 0 =$ _____ $11 - 8 =$ _____

$4 +$ _____ $= 11$ $15 - 0 =$ _____

_____ $+ 9 = 15$ $12 -$ _____ $= 4$

4
$25 + 3 =$ _____ $28 - 3 =$ _____

$33 +$ _____ $= 37$ _____ $- 4 = 54$

$67 + 6 =$ _____ $22 - 7 =$ _____

$5 + 58 =$ _____ $64 - 9 =$ _____

5
$25 + 43 =$ _____ $46 + 46 =$ _____ $57 - 31 =$ _____ $61 - 25 =$ _____

$31 + 27 =$ _____ $33 + 58 =$ _____ $94 - 63 =$ _____ $76 - 48 =$ _____

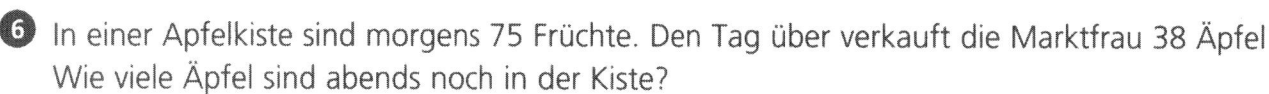

6 In einer Apfelkiste sind morgens 75 Früchte. Den Tag über verkauft die Marktfrau 38 Äpfel.
Wie viele Äpfel sind abends noch in der Kiste?

_____

Lara hat 36 Sticker gesammelt. Ihre Tante schenkt ihr zwei Tüten mit je 7 Stickern darin.
Wie viele Sticker hat Lara dann?

_____

Am Kiosk konnte man morgens zwischen 25 Sorten Süßigkeiten wählen.
Abends stehen nur noch 18 Sorten zur Auswahl. Wie lautet die Frage?

_____

7 a)

$6 \cdot 2 =$ _____ $18 : 2 =$ _____ $8 \cdot 3 =$ _____

$9 \cdot 0 =$ _____ $36 : 6 =$ _____ $24 : 8 =$ _____

$3 \cdot$ _____ $= 30$ _____ $: 5 = 9$ $36 : 4 =$ _____

_____ $\cdot 7 = 35$ $28 :$ _____ $= 4$ $9 \cdot$ _____ $= 36$

b) Schreibe als Malaufgabe.   Schreibe als Plusaufgabe.

$6 + 6 + 6 =$ _____ $6 \cdot 5 =$ _____

$4 + 4 + 4 + 4 + 4 =$ _____ $4 \cdot 8 =$ _____

8 In einem Päckchen sind 6 Fußballbilder. Timo kauft 4 Päckchen auf einmal.
Wie viele Fußballbilder hat er gekauft?

_____

Thomas hat 24 Schokoküsse für seinen Geburtstag gekauft. Er hat 8 Kinder eingeladen.
Jedes Kind soll gleich viele Schokoküsse bekommen.
Wie viele kriegt jedes Kind?

_____

Sandra isst 5 Minitüten Gummibärchen. In jeder Tüte sind 8 Gummibärchen.
Wie viele Bärchen hat sie gegessen?

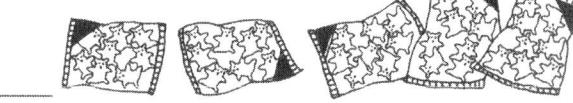

_____

Frau Schmidt bepflanzt ihren Balkon. Sie hat 4 Balkonkästen. In jeden Kasten
sollen gleich viele Pflanzen. Auf dem Markt kauft sie 20 Pflanzen. Wie lautet die Frage?

_____

❶
5 + 7 = _____   12 – 7 = _____   **❷** 25 + 3 = _____   28 – _____ = 25

8 + 6 = _____   14 – 8 = _____   37 + 6 = _____   73 – 0 = _____

4 + _____ = 11   16 – _____ = 9   _____ + 58 = 63   22 – 7 = _____

                                             49 + _____ = 49   64 – 9 = _____

❸
25 + 43 = _____   46 + 46 = _____   57 – 31 = _____   61 – 25 = _____

31 + 27 = _____   33 + _____ = 91   _____ – 63 = 31   76 – 48 = _____

❹ In einer Apfelkiste sind morgens 75 Früchte. Den Tag über verkauft die Marktfrau 38 Äpfel.
Wie viele Äpfel sind abends noch in der Kiste?

_____

Lara hat 36 Sticker gesammelt. Ihre Tante schenkt ihr zwei Tüten mit je 7 Stickern darin.
Wie viele Sticker hat Lara dann?

_____

Am Kiosk konnte man morgens zwischen 25 Sorten Süßigkeiten wählen.
Abends stehen nur noch 18 Sorten zur Auswahl. Wie lautet die Frage?

_____

❺ a) Was kannst du dazu sagen?   8H 7Z 4E

H	Z	E
8	7	4

b) Welche Zahlen sind das?

H	Z	E
1	6	3

H	Z	E
0	7	6

H	Z	E
4		29

H	Z	E
	67	3

H	Z	E
2	1	43

7H 1Z 5E _____   4Z 2H 0E _____   8E 3Z 1H _____

3H 25E _____   81Z 9E _____   3H 18Z 6E _____

c) Schreibe die Zahlen, die ich diktiere.

_____

❻ Größer oder kleiner? (<, >)

480 ◯ 814   326 ◯ 362   099 ◯ 111

5H 0Z 2E ◯ 3H 2Z 6E   4H 9Z 8E ◯ 4H 1Z 9E   3H 8Z 4E ◯ 3H 80E

7 Rechne im Kopf.

372 + 90 = _____   863 − 80 = _____

735 + 44 = _____   647 − 23 = _____

416 + 86 = _____   752 − 77 = _____

8 a)   327   465   513   375
     +542   +173   234   468
                                       +125   +209
     ─────   ─────   ─────   ─────

   b)   648   712
       −336   −245
       ─────   ─────

9 7 · 9 = _____   18 : 3 = _____   24   : 8 = _____

   8 · 0 = _____   49 : 7 = _____   8 · _____ = 24

   3 · _____ = 27   63 : _____ = 7   36   : 4 = _____

   _____ · 4 = 32   _____ : 6 = 5   9   · 4 = _____

10 40 · 3 = _____   8 · 60 = _____   14 · 3 = _____   8 · 25 = _____

   70 : 5 = _____   720 : 9 = _____

11 «Wir sind im Urlaub so viele Kilometer mit dem Fahrrad gefahren, als wenn wir dreimal von Hamburg
nach Hannover gefahren wären», erzählt Nina. Von Hamburg nach Hannover sind es ca. 200 km.
Wie lautet die Frage?
Rechnung: _____

In der Kasse eines Schulkiosks sind am Ende der Schulwoche 350 Euro.
Wie viel Geld hat der Hausmeister durchschnittlich am Tag im Kiosk eingenommen?

_____

In einer Sparbüchse sind dreißig 5-Euro-Scheine, vierzig 2-Euro-Stücke und neunzig 1-Euro-Stücke.
Wie viel Geld hat das Kind gespart?

_____

1 25 + 3 = ____   28 – ____ = 25   **2** 25 + 43 = ____   57 – 31 = ____

37 + 6 = ____   73 – 0 = ____   18 + 27 = ____   61 – 25 = ____

____ + 58 = 63   22 – 7 = ____   46 + 46 = ____   76 – 48 = ____

49 + ____ = 49   64 – 9 = ____

3 Lara hat 36 Sticker gesammelt. Ihre Tante schenkt ihr zwei Tüten mit je 7 Stickern darin.
Wie viele Sticker hat Lara dann?

_____

Am Kiosk konnte man morgens zwischen 25 Sorten Süßigkeiten wählen.
Abends stehen nur noch 18 Sorten zur Auswahl. Wie lautet die Frage?

_____

4 a) Was kannst du dazu sagen?

T	H	Z	E
2	8	7	4

2T 8H 7Z 4E

b) Welche Zahlen sind das?

H	Z	E
1	6	3

T	H	Z	E
1	0	7	6

T	H	Z	E
0	4	0	9

H	Z	E
3		28

H	Z	E
1	67	5

2T 8H 3Z 1E _____   4Z 2H 0E _____   5T 6H 3Z 19E _____

c) Schreibe die Zahlen, die ich diktiere. _____

5 Größer oder kleiner? (<, >)

480 ◯ 814   2326 ◯ 2362   1099 ◯ 0111

5H 0Z 2E  3H 2Z 6E   6T 4H 9Z 8E  8T 4H 1Z 9E   3H 8Z 4E  3H 80E

6 a)
```
  3 2 7          4 6 5          5 1 3          3 7 5
+ 5 4 2        + 1 7 3          2 3 4          4 6 8
_____        _____        + 1 2 5        + 2 0 9
                              _____        _____
```

b)
```
  6 4 8          7 1 2          8 9 5          7 0 3
- 3 3 6        - 2 4 5        - 4 1 4        - 2 4 9
_____        _____        - 1 3 2        - 3 2 7
                              _____        _____
```

❼ Rechne im Kopf.　　　　372 + 90 = _____　　　　863 – 80 = _____

　　　　　　　　　　735 + 44 = _____　　　　647 – 23 = _____

　　　　　　　　　　416 + 86 = _____　　　　752 – 77 = _____

❽ a) $8 \cdot 3 =$ _____　　$24 : 3 =$ _____　　$7 \cdot 0 =$ _____　　$36 : 4 =$ _____　　$9 \cdot$ _____ $= 36$

　　b) Rechne im Kopf.　　$17 \cdot 3$ = _____　　　$8 \cdot 25 =$ _____　　　$400 \cdot 6$ = _____

　　　　　　　　　　$96 : 6$ = _____　　　$154 : 7 =$ _____　　　$630 : 9$ = _____

❾ Rechne schriftlich.

　　a)　$313 \cdot 5$　　　　　　　$264 \cdot 12$　　　　　　　$108 \cdot 24$
　　　　_____　　　　　　_____　　　　　　_____

　　b)　$864 : 4 =$　　　　　　$2212 : 7 =$　　　　　　$5605 : 5 =$

❿ «Als mein Auto verkauft wurde, war ich damit so viele Kilometer gefahren, als ob ich dreimal um die Erde gefahren wäre!», sagte Frau Brandt. Der Erdumfang beträgt rund 40 000 km. Wie lautet die Frage?
Rechnung:

_____

In der Kasse eines Schulkiosks sind am Ende der Schulwoche 350 Euro.
Wie viel Geld hat der Hausmeister durchschnittlich am Tag im Kiosk eingenommen?
Rechnung:

_____

In einer Sparbüchse sind dreißig 5-Euro-Scheine, vierzig 2-Euro-Stücke und neunzig 1-Euro-Stücke.
Wie viel Geld hat das Kind gespart?
Rechnung:

_____

1 a) **Aufforderung**: Wie viele Kugeln sind in dem Kästchen? Schreibe die Zahl darunter.

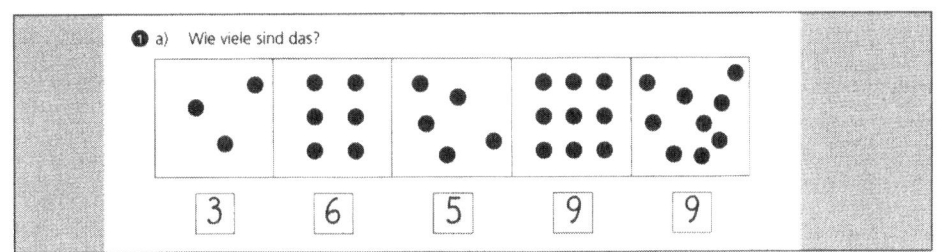

Zu beachten: Erfasst das Kind die Kugeln simultan oder zählt es ab? Macht es Fehler beim Abzählen? Gibt es Unterschiede zwischen der geordneten und der ungeordneten Menge?
Nachfrage: Wie hast du herausgefunden, wie viele das sind?

1 b) **Aufforderung**: Zähle bitte von 5 bis 20. / Und nun zähle von 16 an rückwärts. Dabei: Auf die ersten Zahlen im selben Rhythmus tippen, wie das Kind zählt.

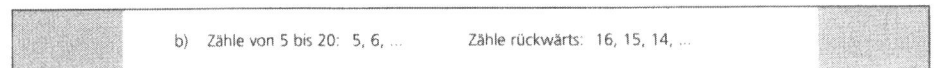

Zu beachten: Bereitet die Über- oder Unterschreitung des Zehners besondere Probleme?

1 c) **Aufforderung**: Schreibe bitte den Vorgänger und den Nachfolger in die Kästchen. Dabei: Auf die Kästchen zeigen.
Falls das Kind die Begriffe «Vorgänger» und «Nachfolger» nicht kennt:
Welche Zahl kommt vor und welche Zahl kommt nach der 6?

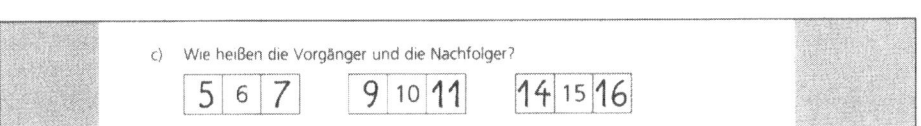
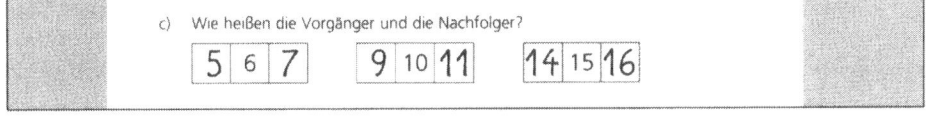

Nachfrage: Woher weißt du, dass diese Zahl der Vorgänger/Nachfolger ist?

1 d) **Aufforderung**: Kreuze bitte die dritte Kugel an. (Abwarten, bis ausgeführt.) Und nun kreuze die siebte Kugel an. (...) Und nun die elfte Kugel.

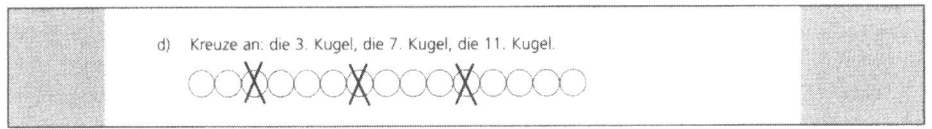

Nachfrage: Wie viele Kugeln hast du jetzt insgesamt angekreuzt?

2 a) **Aufforderung**: Wo sind mehr Kugeln, oben oder unten?

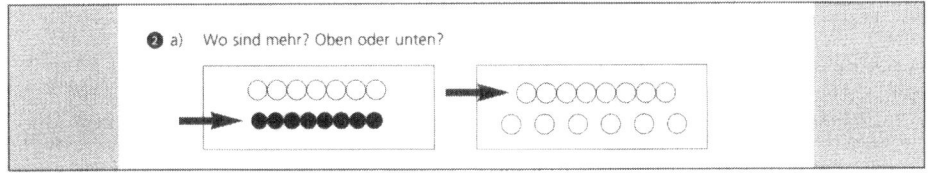

Zu beachten: Lässt das Kind sich von äußeren Merkmalen (Farbe, Abstand) irritieren?

2 b) **Aufforderung**: Welche Zahl ist größer, welche kleiner? Trage bitte das Zeichen ein.

Zu beachten: Eventuell erkennt das Kind die Relation, dreht aber das Zeichen um.
Nachfrage: Woher weißt du, welche Zahl größer ist?
Was bedeutet «ist größer als»?

2 c) **Aufforderung**: Hier stehen viele Zahlen durcheinander. Ordne sie bitte nach der Größe.

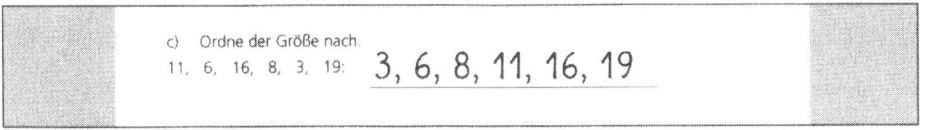

Zu beachten: Wie orientiert sich das Kind in der Reihe der gedruckten Zahlen? Lässt das Kind Zahlen aus?
Nachfrage: Was hast du gemacht, um herauszufinden, welche Zahl als Nächste kommt?

3 **Aufforderung**: Rechne die Aufgaben.
Versuche mir zu erklären, was du dir beim Rechnen denkst.

❸ 5 + 2 = __7__   7 − 2 = __5__   6 + __4__ = 10
3 + 6 = __9__   9 − __6__ = 3   __7__ + 3 = 10
7 + 0 = __7__   6 − 2 = __4__   10 − 5 = __5__
2 + __6__ = 8   5 − 0 = __5__   10 − __8__ = 2
__3__ + 4 = 7   __7__ − 1 = 6

Zu beachten: Wie rechnet das Kind? Rechnet es zählend? In Schritten? Rechnet es im Kopf oder an Material (z.B. mit den Fingern)? Verfügt es über heuristische Strategien, wie Verdoppeln und Halbieren, Zerlegen und Zusammensetzen, gleich- und gegensinniges Verändern? Fallen dem Kind Aufgaben schwerer, bei denen der erste Summand kleiner ist als der zweite?
Nachfrage bei 7 − 2 und
9 − ___ = 3: Schau doch mal, ob dir von den Aufgaben, die du schon gerechnet hast, eine hilft.
Wenn das Kind die Umkehraufgabe findet: Was haben die beiden Aufgaben miteinander zu tun?

4 **Aufforderung**: Rechne die Aufgaben.
Versuche mir zu erklären, was du dir beim Rechnen denkst.

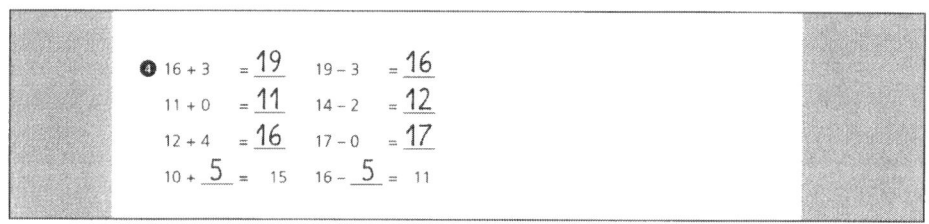

❹ 16 + 3 = __19__   19 − 3 = __16__
11 + 0 = __11__   14 − 2 = __12__
12 + 4 = __16__   17 − 0 = __17__
10 + __5__ = 15   16 − __5__ = 11

Zu beachten: Nutzt das Kind die Analogie zum Zahlenraum bis 10? Nachfrage bei 19 − 3: Hilft dir eine von den anderen Aufgaben, um diese auszurechnen? Wenn das Kind die Umkehraufgabe findet: Warum hilft dir diese Aufgabe?

5 **Aufforderung**: Rechne die Aufgaben.
Versuche mir zu erklären, was du dir beim Rechnen denkst.

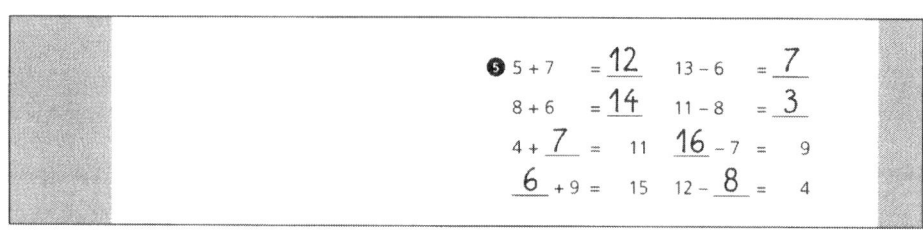

❺ 5 + 7 = __12__   13 − 6 = __7__
8 + 6 = __14__   11 − 8 = __3__
4 + __7__ = 11   __16__ − 7 = 9
__6__ + 9 = 15   12 − __8__ = 4

Zu beachten: Zählt das Kind einfach weiter oder verfügt es über eine spezielle Technik für den Zehnerübergang?

6 **Zuerst**: Dem Kind die Aufgabe vorlesen bzw. fragen, ob die Aufgabe vorgelesen werden soll.
Aufforderung: Was musst du rechnen?

❻ Lara hat 8 Sticker gesammelt. Ihre Tante schenkt ihr noch eine Tüte
mit 4 Stickern darin. Wie viele Sticker hat Lara jetzt?
8 + 4 =

Lukas hat 17 Fußballkarten.
Er spielt mit seinem Freund und verliert 3 Karten dabei.
Wie viele Fußballkarten hat er noch?
17 − 3 =

Zu beachten: Das Kind soll nur die Aufgabe aufschreiben, nicht ausrechnen.
Nachfrage: Woher weißt du, dass du «plus» oder «minus» rechnen musst?

❶ a) Aufforderung: Wie viele Kugeln sind in dem Kästchen? Schreibe die Zahl darunter.

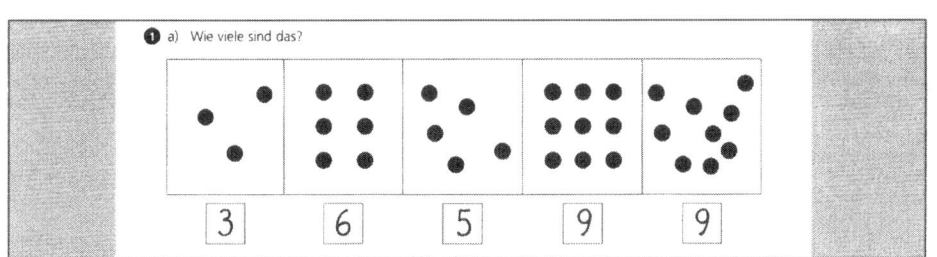

Zu beachten: Erfasst das Kind die Kugeln simultan oder zählt es ab? Macht es Fehler beim Abzählen? Gibt es Unterschiede zwischen der geordneten und der ungeordneten Menge?
Nachfrage: Wie hast du herausgefunden, wie viele das sind?

❶ b) Aufforderung: Zähle bitte von 38 bis 52. / Und nun zähle von 82 an rückwärts bis 68.

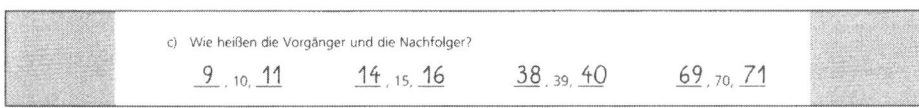

Zu beachten: Bereitet die Über- oder Unterschreitung der Zehner besondere Probleme?

❶ c) Anweisung: Schreibe bitte den Vorgänger und den Nachfolger in die Lücken.
Falls das Kind die Begriffe «Vorgänger» und «Nachfolger» nicht kennt::
Welche Zahl kommt vor und welche nach der 10?

Zu beachten: Gibt es besondere Schwierigkeiten an den Zehnerübergängen?
Nachfrage: Woher weißt du, dass das der Vorgänger/Nachfolger ist?

❷ a) Aufforderung: Welche Zahl ist größer, welche kleiner? Trage bitte das Zeichen ein.

❷ a) Größer oder kleiner? (<, >)

7 < 12   15 > 9   28 < 82   73 < 79   41 > 36   60 > 57

Zu beachten: Lässt sich das Kind durch «Zahlendreher» irritieren? Erkennt das Kind, dass es erst nur die Zehner, bei Gleichheit dann die Einer betrachten muss, um die größere/kleinere Zahl zu finden?
Nachfrage: Woher weißt du, welche Zahl größer ist? Was bedeutet «ist größer als»?

❷ b) Aufforderung: Hier stehen viele Zahlen durcheinander.
Ordne sie bitte. / Und jetzt ordne bitte diese Zahlen, aber fange mit der größten Zahl an.

b) Ordne nach der Größe.
76, 56, 39, 92, 51, 34, 87: 34, 39, 51, 56, 76, 87, 92

c) Ordne. Fange mit der größten Zahl an.
67, 43, 84, 76, 21, 30: 84, 76, 67, 43, 30, 21

Zu beachten: Entwickelt das Kind eine Strategie? Lässt das Kind Zahlen aus?
Nachfrage: Was hast du gemacht, um herauszufinden, welche Zahl als Nächste kommt?

❸ Aufforderung: Rechne die Aufgaben.
Versuche mir zu erklären, was du dir beim Rechnen denkst.

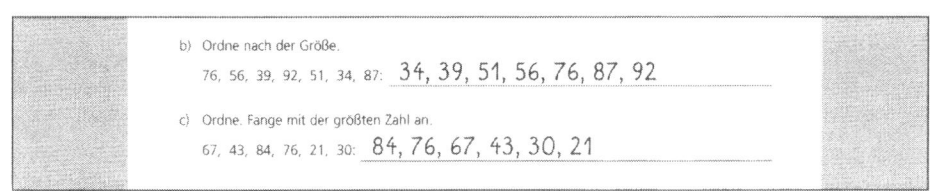

Zu beachten: Zählt das Kind einfach weiter oder verfügt es über eine spezielle Technik für den Zehnerübergang?
Nachfrage bei 12 – 7 und 14 – 8:
Schau doch mal, ob dir von den Aufgaben, die du schon gerechnet hast, eine hilft.
Wenn das Kind die Umkehraufgabe findet: Was haben die beiden Aufgaben miteinander zu tun?

❹ Aufforderung: Rechne die Aufgaben.
Versuche mir zu erklären, was du dir beim Rechnen denkst.

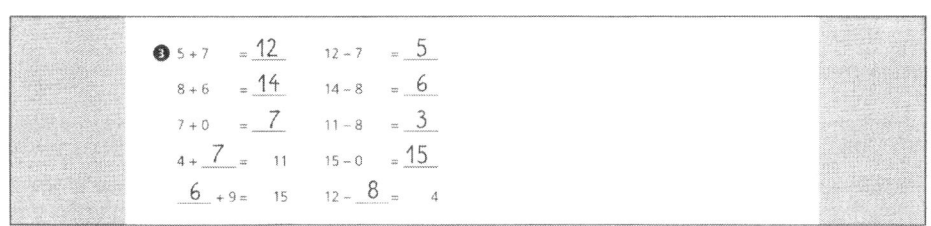

Zu beachten: Nutzt das Kind die Analogie zum Zahlenraum bis 10?
Nachfrage bei 28 – 3: Schau doch mal, ob dir von den Aufgaben, die du schon gerechnet hast, eine hilft.
Wenn das Kind die Umkehraufgabe findet: Was haben die beiden Aufgaben miteinander zu tun?

5 **Aufforderung**: Nun rechne diese Aufgaben.
Versuche mir zu erklären, was du dir beim Rechnen denkst.

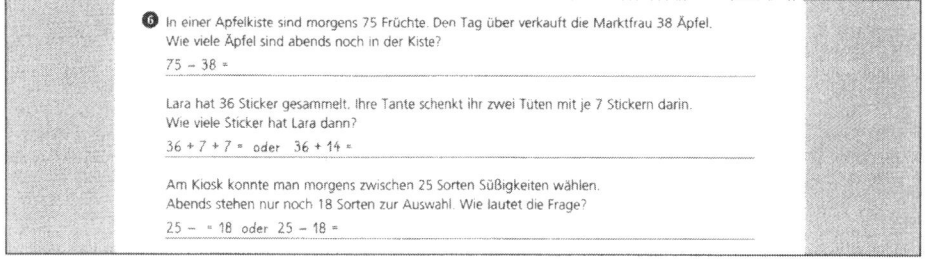

5 $25 + 43 = \underline{68}$ $\qquad$ $46 + 46 = \underline{92}$ $\qquad$ $57 - 31 = \underline{26}$ $\qquad$ $61 - 25 = \underline{36}$
$31 + 27 = \underline{58}$ $\qquad$ $33 + 58 = \underline{91}$ $\qquad$ $94 - 63 = \underline{31}$ $\qquad$ $76 - 48 = \underline{28}$

Zu beachten: *Wie zerlegt das Kind die Zahlen? Wie bewältigt es den Zehnerübergang? Vertauscht es bei der Subtraktion mit Zehnerübergang die Einer? Rechnet es innerhalb der Stellenwerte noch zählend?*

6 **Zuerst**: Dem Kind die Aufgabe vorlesen bzw. fragen, ob die Aufgabe vorgelesen werden soll.
Aufforderung: Was musst du rechnen?

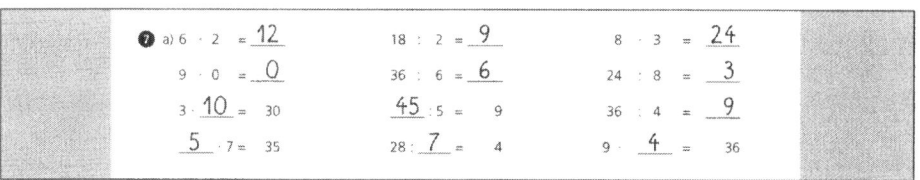

6 In einer Apfelkiste sind morgens 75 Früchte. Den Tag über verkauft die Marktfrau 38 Äpfel.
Wie viele Äpfel sind abends noch in der Kiste?
$75 - 38 =$

Lara hat 36 Sticker gesammelt. Ihre Tante schenkt ihr zwei Tüten mit je 7 Stickern darin.
Wie viele Sticker hat Lara dann?
$36 + 7 + 7 =$ oder $36 + 14 =$

Am Kiosk konnte man morgens zwischen 25 Sorten Süßigkeiten wählen.
Abends stehen nur noch 18 Sorten zur Auswahl. Wie lautet die Frage?
$25 - \_ = 18$ oder $25 - 18 =$

Zu beachten: *Das Kind soll nur die Aufgabe aufschreiben, nicht ausrechnen.*
Nachfrage: *Woher weißt du, dass du «plus» / «minus» rechnen musst?*

7 a) **Aufforderung**: Rechne die Aufgaben. Versuche mir zu erklären, wie du gerechnet hast.
(Besonders wichtig bei der Multiplikation mit 0.)

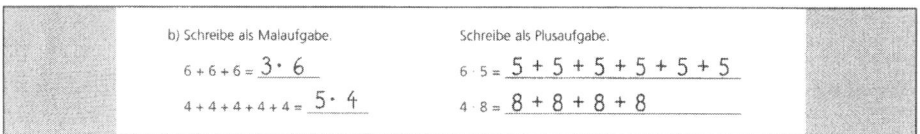

7 a) $6 \cdot 2 = \underline{12}$ $\qquad$ $18 : 2 = \underline{9}$ $\qquad$ $8 \cdot 3 = \underline{24}$
$9 \cdot 0 = \underline{0}$ $\qquad$ $36 : 6 = \underline{6}$ $\qquad$ $24 : 8 = \underline{3}$
$3 \cdot \underline{10} = 30$ $\qquad$ $\underline{45} : 5 = 9$ $\qquad$ $36 : 4 = \underline{9}$
$\underline{5} \cdot 7 = 35$ $\qquad$ $28 : \underline{7} = 4$ $\qquad$ $9 \cdot \underline{4} = 36$

Zu beachten: *Hat das Kind die Aufgaben auswendig gelernt oder greift es auf Additionsketten bzw. bekannte Aufgaben zurück?*
Nachfrage beim letzten Block: *Kannst du hier besonders schnell rechnen? Wieso?*

7 b) **Aufforderung**: Hier siehst du eine Plusaufgabe / Malaufgabe. Welche Malaufgabe / Plusaufgabe könntest du daraus machen? (Eventuell müssen Sie ein anderes Beispiel vormachen, damit die Aufgabenstellung sicher verstanden ist.)

b) Schreibe als Malaufgabe.
$6 + 6 + 6 = \underline{3 \cdot 6}$
$4 + 4 + 4 + 4 + 4 = \underline{5 \cdot 4}$

Schreibe als Plusaufgabe.
$6 \cdot 5 = \underline{5 + 5 + 5 + 5 + 5 + 5}$
$4 \cdot 8 = \underline{8 + 8 + 8 + 8}$

Zu beachten: *Die Faktoren können auch vertauscht sein. Wichtig ist jedoch, dass die Reihenfolge der Faktoren zur mündlichen Erklärung des Kindes passt (und damit zur Vorstellung von der Operation): Bei 3 · 6 «dreimal die 6», bei 6 · 3 «ich habe 6 und nehme die dreimal» o. Ä. Oder wählt das Kind schematisch irgendeine Reihenfolge der Faktoren?*
Nachfrage: *Wie bist du darauf gekommen?*

8 **Zuerst**: Dem Kind die Aufgabe vorlesen bzw. fragen, ob die Aufgabe vorgelesen werden soll.
Aufforderung: Was musst du rechnen?

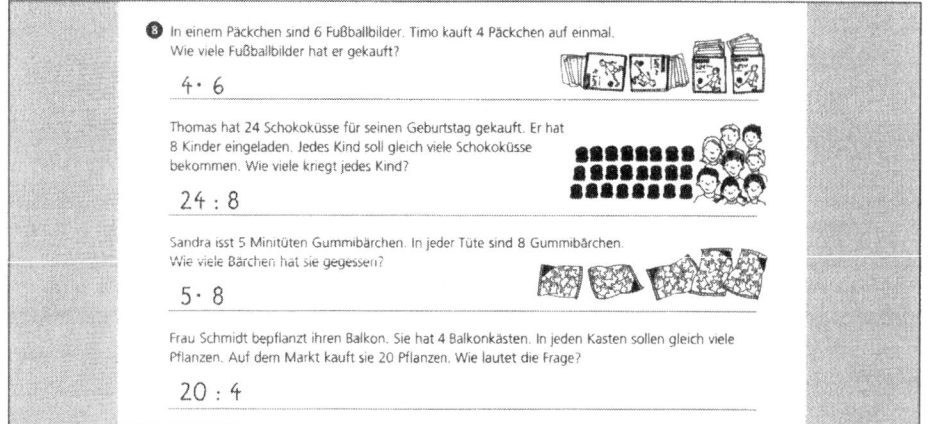

8 In einem Päckchen sind 6 Fußballbilder. Timo kauft 4 Päckchen auf einmal.
Wie viele Fußballbilder hat er gekauft?
$4 \cdot 6$

Thomas hat 24 Schokoküsse für seinen Geburtstag gekauft. Er hat 8 Kinder eingeladen. Jedes Kind soll gleich viele Schokoküsse bekommen. Wie viele kriegt jedes Kind?
$24 : 8$

Sandra isst 5 Minitüten Gummibärchen. In jeder Tüte sind 8 Gummibärchen.
Wie viele Bärchen hat sie gegessen?
$5 \cdot 8$

Frau Schmidt bepflanzt ihren Balkon. Sie hat 4 Balkonkästen. In jeden Kasten sollen gleich viele Pflanzen. Auf dem Markt kauft sie 20 Pflanzen. Wie lautet die Frage?
$20 : 4$

Beachte: *Nutzt das Kind die Zeichnung? Interpretiert es sie sinnvoll für die Aufgabenstellung? Das Kind soll nur die Aufgabe aufschreiben, nicht ausrechnen.*
Nachfrage: *Was hat das Bild mit der Rechnung zu tun?*

① Aufforderung: Rechne die Aufgaben.
Versuche mir zu erklären, was du dir beim Rechnen denkst.

❶ 5 + 7 = **12**   12 − 7 = **5**

8 + 6 = **14**   14 − 8 = **6**

4 + **7** = 11   16 − **7** = 9

Zu beachten: Zählt das Kind einfach weiter oder verfügt es über eine spezielle Technik für den Zehnerübergang?
Nachfrage bei 12 − 7 und 14 − 8: *Schau doch mal, ob dir von den Aufgaben, die du schon gerechnet hast, eine hilft. Wenn das Kind die Umkehraufgabe findet: Was haben die beiden Aufgaben miteinander zu tun?*

② Aufforderung: Rechne die Aufgaben.
Versuche mir zu erklären, was du dir beim Rechnen denkst.

❷ 25 + 3 = **28**   28 − **3** = 25

37 + 6 = **43**   73 − 0 = **73**

5 + 58 = 63   22 − 7 = **15**

49 + **0** = 49   64 − 9 = **55**

Zu beachten: Nutzt das Kind die Analogie zum Zahlenraum bis 10?
Nachfrage bei 28 − ___ = 25: *Schau doch mal, ob dir von den Aufgaben, die du schon gerechnet hast, eine hilft. Wenn das Kind die Umkehraufgabe findet: Was haben die beiden Aufgaben miteinander zu tun?*

③ Aufforderung: Rechne die Aufgaben.
Versuche mir zu erklären, was du dir beim Rechnen denkst.

❸ 25 + 43 = **68**   46 + 46 = **92**   57 − 31 = **26**   61 − 25 = **36**

31 + 27 = **58**   33 + **58** = 91   **94** − 63 = 31   76 − 48 = **28**

Zu beachten: Wie zerlegt das Kind die Zahlen? Wie bewältigt es den Zehnerübergang? Vertauscht es bei der Subtraktion mit Zehnerübergang die Einer? Rechnet es innerhalb der Stellenwerte noch zählend?

④ Aufforderung: Lies mir die Aufgabe bitte vor. Was musst du rechnen?

❹ In einer Apfelkiste sind morgens 75 Früchte. Den Tag über verkauft die Marktfrau 38 Äpfel. Wie viele Äpfel sind abends noch in der Kiste?

75 − 38 =

Lara hat 36 Sticker gesammelt. Ihre Tante schenkt ihr zwei Tuten mit je 7 Stickern dann. Wie viele Sticker hat Lara dann?

36 + 7 + 7 = oder 36 + 14 =

Am Kiosk konnte man morgens zwischen 25 Sorten Süßigkeiten wählen. Abends stehen nur noch 18 Sorten zur Auswahl. Wie lautet die Frage?

25 − ___ = 18 oder 25 − 18 =

Zu beachten: Das Kind soll nur die Aufgabe aufschreiben, nicht ausrechnen.
Nachfrage: *Woher weißt du, dass du «plus» oder «minus» rechnen musst?*

⑤ a) Aufforderung: Hier siehst du Zahlen mit Buchstaben.
Erzähle mir bitte, was du darüber weißt.

❺ a) Was kannst du dazu sagen?

H	Z	E
8	7	4

8H 7Z 4E

Zu beachten: Diese Aufgabe dient dazu, einen ersten Einblick in die Zahlvorstellung des Kindes zu bekommen.
Nachfrage: *(z.B.) Warum schreibt man das so?*

⑤ b) Aufforderung: Sage mir bitte, welche Zahl hier gemeint ist.

b) Welche Zahlen sind das?

H	Z	E
1	6	3

H	Z	E
0	7	6

H	Z	E
4		29

H	Z	E
	67	3

H	Z	E
2	1	43

Nachfrage: *Woran siehst du, dass diese Zahl gemeint ist?*
Nachfrage bei den letzten drei Tabellen: *Was passiert mit den zweistelligen Zahlen (z. B. 29E, 67Z)? Wieso wird bei der Verschiebung um eine Stelle nach links z.B. aus der 20 eine 2?*

⑤ b) Aufforderung: Schreibe bitte auf die Linie, welche Zahlen gemeint sind.

7H 1Z 5E   **715**   4Z 2H 0E   **240**   8E 3Z 1H   **138**

3H 25E   **325**   81Z 9E   **819**   3H 18Z 6E   **486**

Nachfrage bei 4Z 2H 0E und 8E 3Z 1H: *Wieso hast du die Reihenfolge der Ziffern geändert?*
Nachfrage bei den drei unteren Zahlen: *Was passiert mit den zweistelligen Zahlen (z. B. 25E, 81Z)?*

5 c) **Aufforderung**: Ich diktiere dir jetzt ein paar Zahlen. Schreibe diese bitte auf die Linie. Dann: Die hier notierten Zahlen diktieren.

Zu beachten: In welcher Reihenfolge notiert das Kind die Ziffern? Vertauscht es Zehner und Einer («Zahlendreher»)?

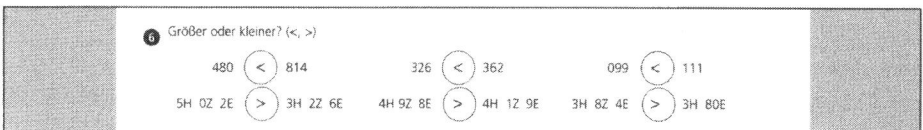

c) Schreibe die Zahlen, die ich diktiere.
13, 37, 78, 90, 112, 142, 124

6 **Aufforderung**: Welche Zahl ist größer, welche kleiner? Trage bitte das Zeichen ein.

Zu beachten: Erkennt das Kind, dass es erst nur die Hunderter, bei Gleichheit die Zehner und dann die Einer betrachten muss?
Nachfrage: Woher weißt du, welche Zahl größer ist? Was bedeutet «ist größer als»?

6 Größer oder kleiner? (<, >)

480 $<$ 814	326 $<$ 362	099 $<$ 111
5H 0Z 2E $>$ 3H 2Z 6E	4H 9Z 8E $>$ 4H 1Z 9E	3H 8Z 4E $>$ 3H 80E

7 **Aufforderung**: Rechne diese Aufgaben bitte im Kopf. Versuche laut zu sagen, was du dir beim Rechnen denkst. Rechne laut vor.

Zu beachten: Hat das Kind Probleme, sich Ergebnisse der Teilschritte zu merken? Weiß es nicht mehr, «wo es gerade war»?

7 Rechne im Kopf.

$372 + 90 = 462$ $863 - 80 = 783$

$735 + 44 = 779$ $647 - 23 = 624$

$416 + 86 = 502$ $752 - 77 = 675$

8 a) **Aufforderung**: Rechne bitte schriftlich und sage dabei laut, was du tust.

Nachfrage bei den Aufgaben mit Übertrag: Warum schreibst du dort eine kleine Eins hin? Warum schreibst du diese Eins eine Spalte weiter nach links? Warum schreibst du da eine Eins hin und keine Zehn? Etc.

8 a)
```
   327        465        513        375
  +542       +1 73       234        468
  ────        ────      +1 25      +2 09
   869        638        ────       ────
                         872        1052
```

8 b) **Aufforderung**: Rechne bitte schriftlich und sage dabei laut, was du tust.

Zu beachten: Es gibt verschiedene Verfahren der schriftlichen Subtraktion. Sie unterscheiden sich darin, wie die Differenz bestimmt wird: durch Abziehen oder Ergänzen, und darin, wie der Stellenübergang behandelt wird: durch Entbündeln, durch gleichsinniges Verändern von Minuend und Subtrahend, durch Auffüllen des Subtrahenden zum Minuenden (vgl. Radatz, H. / Schipper, W. u. a.: Handbuch für den Mathematikunterricht, 3. Schuljahr, S. 132 ff. Schroedel 1999).

8 b)
```
   648        712
  -336       -2 45
  ────        ────
   312        467
```

9 **Aufforderung**: Rechne die Aufgaben. Versuche mir zu erklären, wie du gerechnet hast. (Besonders wichtig bei der Multiplikation mit 0.)

Zu beachten: Hat das Kind die Aufgaben auswendig gelernt oder greift es auf Additionsketten bzw. bekannte Aufgaben zurück?
Nachfrage beim letzten Block: Kannst du hier besonders schnell rechnen? Wieso?

9 $7 \cdot 9 = 63$ $18 : 3 = 6$ $24 : 8 = 3$

$8 \cdot 0 = 0$ $49 : 7 = 7$ $8 \cdot 3 = 24$

$3 \cdot 9 = 27$ $63 : 9 = 7$ $36 : 4 = 9$

$8 \cdot 4 = 32$ $30 : 6 = 5$ $9 \cdot 4 = 36$

⑩ Aufforderung: Rechne bitte im Kopf und versuche mir zu erklären, wie du rechnest.

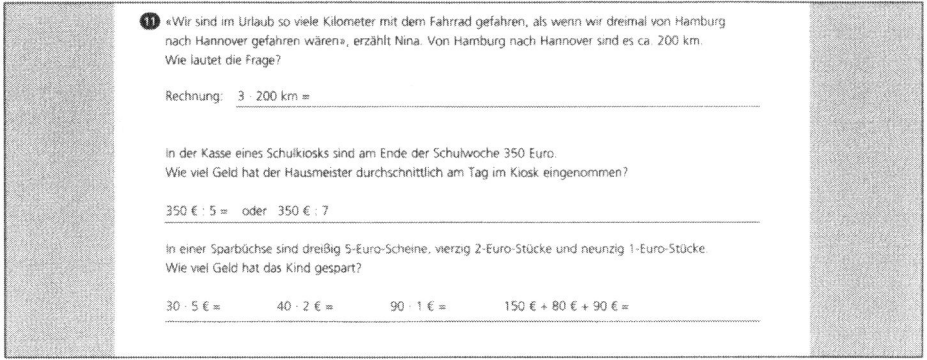

⑩ 40 · 3 = <u>120</u> 8 · 60 = <u>480</u> 14 · 3 = <u>42</u> 8 · 25 = <u>200</u>

70 · 5 = <u>14</u> 720 : 9 = <u>80</u>

Zu beachten: Greift das Kind bei den ersten beiden Päckchen auf Analogie-aufgaben aus dem kleinen Einmaleins zurück?

⑪ Aufforderung: Lies mir die Aufgaben bitte vor. Was musst du rechnen?

⑪ «Wir sind im Urlaub so viele Kilometer mit dem Fahrrad gefahren, als wenn wir dreimal von Hamburg nach Hannover gefahren wären», erzählt Nina. Von Hamburg nach Hannover sind es ca. 200 km. Wie lautet die Frage?

Rechnung: 3 · 200 km =

In der Kasse eines Schulkiosks sind am Ende der Schulwoche 350 Euro. Wie viel Geld hat der Hausmeister durchschnittlich am Tag im Kiosk eingenommen?

350 € : 5 =   oder 350 € : 7

In einer Sparbüchse sind dreißig 5-Euro-Scheine, vierzig 2-Euro-Stücke und neunzig 1-Euro-Stücke. Wie viel Geld hat das Kind gespart?

30 · 5 € =   40 · 2 € =   90 · 1 € =   150 € + 80 € + 90 € =

Zu beachten: Das Kind soll nur die Aufgabe aufschreiben, nicht ausrechnen. Bei der zweiten Aufgabe ist es gleichgültig, ob das Kind durch 7 (Tage in der Woche) oder durch 5 (Schultage) teilt. *Nachfrage*: Woher weißt du, dass du «mal» oder «geteilt» rechnen musst? Nachfrage bei der dritten Aufgabe: Warum rechnest du noch «plus»?

1 **Aufforderung**: Rechne die Aufgaben.
Versuche mir zu erklären, was du dir beim Rechnen denkst.

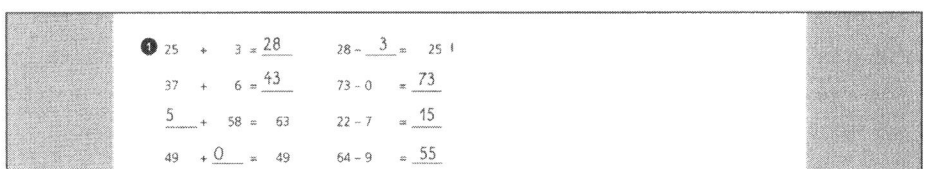

Zu beachten: Nutzt das Kind die Analogie zum Zahlenraum bis 10?
Nachfrage bei 28 – ___ = 25: Schau doch mal, ob dir von den Aufgaben, die du schon gerechnet hast, eine hilft. Wenn das Kind die Umkehraufgabe findet: Was haben die beiden Aufgaben miteinander zu tun?

2 **Aufforderung**: Rechne die Aufgaben.
Versuche mir zu erklären, was du dir beim Rechnen denkst.

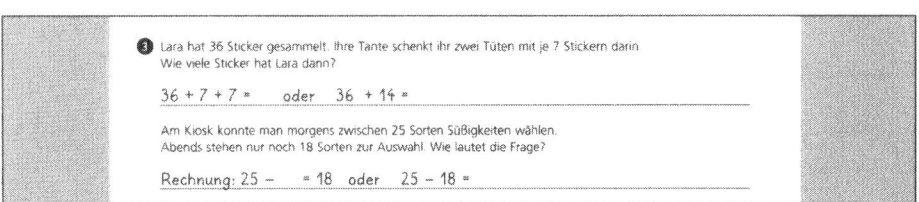

Zu beachten: Wie zerlegt das Kind die Zahlen? Wie bewältigt es den Zehnerübergang? Vertauscht es bei der Subtraktion mit Zehnerübergang die Einer? Rechnet es innerhalb der Stellenwerte noch zählend?

3 **Aufforderung**: Lies mir die Aufgabe bitte vor. Was musst du rechnen?

> **3** Lara hat 36 Sticker gesammelt. Ihre Tante schenkt ihr zwei Tüten mit je 7 Stickern darin. Wie viele Sticker hat Lara dann?
>
> 36 + 7 + 7 =   oder   36 + 14 =
>
> Am Kiosk konnte man morgens zwischen 25 Sorten Süßigkeiten wählen. Abends stehen nur noch 18 Sorten zur Auswahl. Wie lautet die Frage?
>
> Rechnung: 25 – ___ = 18   oder   25 – 18 =

Zu beachten: Das Kind soll nur die Aufgabe aufschreiben, nicht ausrechnen.
Nachfrage: Woher weißt du, dass du «plus» oder «minus» rechnen musst?

4

a) **Aufforderung**: Hier siehst du Zahlen mit Buchstaben.
Erzähle mir bitte, was du darüber weißt.

> **4** a) Was kannst du dazu sagen?
>
> | T | H | Z | E |
> |---|---|---|---|
> | 2 | 8 | 7 | 4 |
>
> 2T 8H 7Z 4E

Zu beachten: Diese Aufgabe dient dazu, einen ersten Einblick in die Zahlvorstellung des Kindes zu bekommen.
Nachfrage: (z.B.) Warum schreibt man das so?

4 b) **Aufforderung**: Sage mir bitte, welche Zahl hier gemeint ist.

> b) Welche Zahlen sind das?
>
> | H | Z | E |
> |---|---|---|
> | 1 | 6 | 3 |
>
> | T | H | Z | E |
> |---|---|---|---|
> | 1 | 0 | 7 | 6 |
>
> | T | H | Z | E |
> |---|---|---|---|
> | 0 | 4 | 0 | 9 |
>
> | H | Z | E |
> |---|---|---|
> | 3 | | 28 |
>
> | H | Z | E |
> |---|---|---|
> | 1 | 67 | 5 |

Nachfrage: Woran siehst du, dass diese Zahl gemeint ist?
Nachfrage bei den zwei unteren Tabellen: Was passiert mit den zweistelligen Zahlen (z.B. 28E, 67Z)? Wieso wird bei der Verschiebung um eine Stelle nach links zum Beispiel aus der 20 eine 2?

4 b) **Aufforderung**: Schreibe bitte auf die Linie, welche Zahlen gemeint sind.

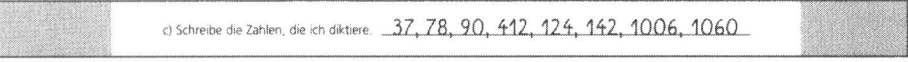

2T 8H 3Z 1E _2831_   4Z 2H 0E _240_   5T 6H 3Z 19E _5649_

Nachfrage bei 4Z 2H 0E: Wieso hast du die Reihenfolge der Ziffern geändert?
Nachfrage bei 5T 6H 3Z 19E: Was passiert mit den 19 Einern?

4 c) **Aufforderung**: Ich diktiere dir jetzt ein paar Zahlen. Schreibe diese bitte auf die Linie. Dann: Die hier notierten Zahlen diktieren.

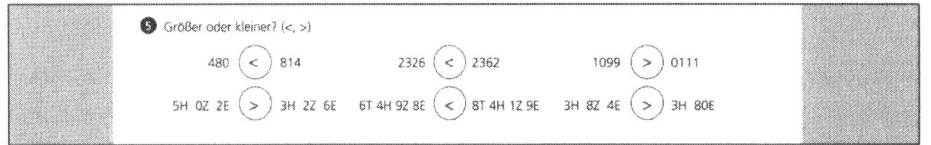

c) Schreibe die Zahlen, die ich diktiere. _37, 78, 90, 412, 124, 142, 1006, 1060_

Zu beachten: In welcher Reihenfolge notiert das Kind die Ziffern? Vertauscht es Hunderter, Zehner und Einer («Zahlendreher»)?

5 **Aufforderung**: Welche Zahl ist größer, welche kleiner? Trage bitte das Zeichen ein.

> **5** Größer oder kleiner? (<, >)
>
> 480 (<) 814   2326 (<) 2362   1099 (>) 0111
>
> 5H 0Z 2E (>) 3H 2Z 6E   6T 4H 9Z 8E (<) 8T 4H 1Z 9E   3H 8Z 4E (>) 3H 80E

Zu beachten: Erkennt das Kind, dass es erst nur die Tausender, bei Gleichheit die Hunderter, dann die Zehner und dann die Einer betrachten muss?
Nachfrage: Woher weißt du, welche Zahl größer ist?
Was bedeutet «ist größer als»?

6 a) **Aufforderung**: Rechne bitte schriftlich und sage dabei laut, was du tust.

> **6** a)
> ```
>   327      465      513      375
>  +542    +1,73      234      468
>  ─────   ─────    +12,5    +20,9
>   869      638    ─────    ─────
>                    872      1052
> ```

Nachfrage bei den Aufgaben mit Übertrag: *Warum schreibst du dort eine kleine Eins hin? Warum schreibst du diese Eins eine Spalte weiter nach links? Warum schreibst du da eine Eins hin und keine Zehn? Etc.*

6 b) **Aufforderung**: Rechne bitte schriftlich und sage dabei laut, was du tust.

> b)
> ```
>   648      712      895      703
>  -336    -2,45     -414     -249
>  ─────   ─────    -13,2    -32,7
>   312      467    ─────    ─────
>                    349      127
> ```

Zu beachten: *Es gibt verschiedene Verfahren der schriftlichen Subtraktion. Sie unterscheiden sich darin, wie die Differenz bestimmt wird: durch Abziehen oder Ergänzen, und darin, wie der Stellenübergang behandelt wird: durch Entbündeln, durch gleichsinniges Verändern von Minuend und Subtrahend, durch Auffüllen des Subtrahenden zum Minuenden (vgl. Radatz, H./Schipper, W. u. a.: Handbuch für den Mathematikunterricht, 3. Schuljahr, S. 132 ff. Schroedel 1999).*
Beim Abziehverfahren müssen Aufgaben mit zwei Subtrahenden in zwei Teilaufgaben gerechnet werden.

7 **Aufforderung**: Rechne diese Aufgaben bitte im Kopf. Versuche zu sagen, was du dir beim Rechnen denkst. Rechne laut vor.

> **7** Rechne im Kopf.
>
> 372 + 90 = _462_   863 - 80 = _783_
>
> 735 + 44 = _779_   647 - 23 = _624_
>
> 416 + 86 = _502_   752 - 77 = _675_

Zu beachten: *Hat das Kind Probleme, sich Ergebnisse der Teilschritte zu merken? Weiß es nicht mehr, «wo es gerade war»?*

8 a) **Aufforderung**: Rechne die Aufgaben. Versuche mir zu erklären, wie du gerechnet hast. (Besonders wichtig bei der Multiplikation mit 0.)

> **8** a) 8 · 3 = _24_   24 : 3 = _8_   7 · 0 = _0_   36 : 4 = _9_   9 · _4_ = 36

Zu beachten: *Erkennt das Kind die Umkehraufgaben und nutzt es sie für die Berechnung?*

8 b) **Aufforderung**: Rechne bitte im Kopf und versuche mir zu erklären, wie du rechnest.

> b) Rechne im Kopf.   17 · 3 = _51_   8 · 25 = _200_   400 · 6 = _2400_
>
> 96 : 6 = _16_   154 : 7 = _22_   630 : 9 = _70_

Zu beachten: *Greift das Kind beim letzten Päckchen auf Analogieaufgaben aus dem kleinen Einmaleins zurück?*

9 a) **Aufforderung**: Rechne bitte schriftlich und sage dabei laut, was du tust.

> Rechne schriftlich
> **9** a)
> ```
>  313 · 5      264 · 12      108 · 24
>  ──────        264          216
>   1565        ,528          432
>             ──────        ──────
>               3168          2592
> ```

Zu beachten: *Wird der Übertrag bei der Multiplikation richtig behandelt? Werden die Ziffern der Teilergebnisse richtig (d. h. jeweils um eine Stelle verschoben) untereinander notiert? Führt die Multiplikation mit 0 zu Fehlern in der Stellenwertbelegung?*
Nachfrage zum Übertrag: *Warum merkst du dir 1 und nicht 10?*
Nachfrage zur Multiplikation mit zweistelligen Zahlen: Warum rechnest du die beiden Teilergebnisse zusammen?

9 b) **Aufforderung**: Rechne bitte schriftlich und sage dabei laut, was du tust.

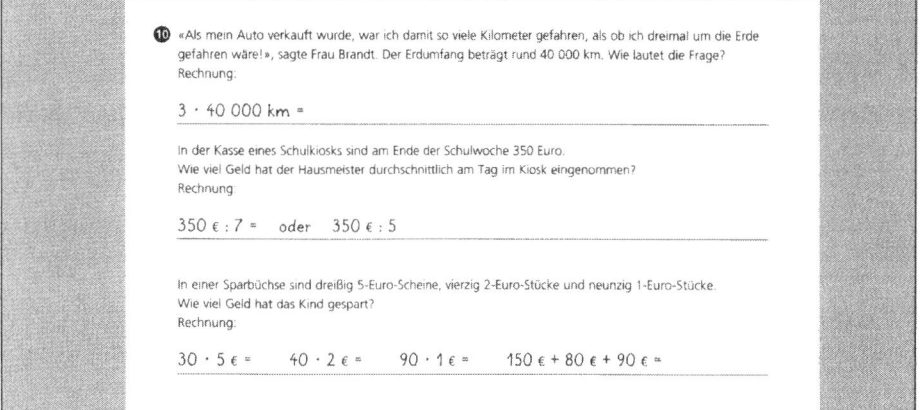

```
b) 864 : 4 = 216        2212 : 7 = 316        5605 : 5 = 1121
   8                    21                    5
   06                   11                    06
   4                    7                     5
   24                   42                    10
   24                   42                    10
   0                    0                     05
                                              5
                                              0
```

Zu beachten: Findet das Kind auf Anhieb die richtigen Vielfachen? Erkennt das Kind bei der zweiten Aufgabe, dass es mit der Teilaufgabe 21 : 7 beginnen muss? Behandelt das Kind in der dritten Aufgabe die 0 im Dividenden richtig?

10 **Aufforderung**: Lies mir die Aufgaben bitte vor. Was musst du rechnen?

10 «Als mein Auto verkauft wurde, war ich damit so viele Kilometer gefahren, als ob ich dreimal um die Erde gefahren wäre!», sagte Frau Brandt. Der Erdumfang beträgt rund 40 000 km. Wie lautet die Frage?
Rechnung:

$3 \cdot 40\,000$ km =

In der Kasse eines Schulkiosks sind am Ende der Schulwoche 350 Euro.
Wie viel Geld hat der Hausmeister durchschnittlich am Tag im Kiosk eingenommen?
Rechnung:

350 € : 7 =   oder   350 € : 5

In einer Sparbüchse sind dreißig 5-Euro-Scheine, vierzig 2-Euro-Stücke und neunzig 1-Euro-Stücke.
Wie viel Geld hat das Kind gespart?
Rechnung:

$30 \cdot 5$ € = $40 \cdot 2$ € = $90 \cdot 1$ € =   150 € + 80 € + 90 € =

Zu beachten: Das Kind soll nur die Aufgabe aufschreiben, nicht ausrechnen. Bei der zweiten Aufgabe ist es gleichgültig, ob das Kind durch 7 (Tage in der Woche) oder durch 5 (Schultage) teilt.
Nachfrage: Woher weißt du, dass du «mal» oder «geteilt» rechnen musst?
Nachfrage bei der dritten Aufgabe: Warum rechnest du noch «plus»?

Name der Aufgabe	Anforderungen an das Kind/ spezifischer Inhalt, der geprüft wird; typische Fehler (tF)	Schwierigkeiten beim Lösen der Aufgabe können auf folgende spezifische Rechenschwäche hinweisen:
1 a) Wie viele sind das?	Mengenerfassung: die ersten drei Mengenbilder, zumindest aber das erste Mengenbild, sollten die Kinder simultan erfassen können **tF**: «Vertippen» beim Auszählen ungeordneter Mengen, falsch geschriebene Ziffern	evtl. Wahrnehmungsschwäche; Zählschwäche; Zahlbegriffsschwäche, z. B. wenn gesehene Menge und notierte Ziffer nicht übereinstimmen
1 b) Zähle …	Zahlenreihe (Seriation) als Voraussetzung für das erste zählende Rechnen; Sicherheit in der Aufeinanderfolge der Zahlen, Umkehrbarkeit der Zahlenreihe beim Rückwärtszählen **tF**: Auslassungen, Stocken bei den Zehnerübergängen	Zahlbegriffsschwäche hinsichtlich Seriationsleistung
1 c) Vorgänger/Nachfolger	Ausschnitte der Zahlenreihe: zu lösen über −1 / +1 oder eins nach links/eins nach rechts auf dem Zahlenstrahl **tF**: Probleme bei der Über-/Unterschreitung der Zehner	Zahlbegriffsschwäche hinsichtlich Seriationsleistung, vermutlich keine innere Vorstellung der Zahlenreihe (im Sinne eines Zahlenstrahls)
1 d) Kreuze an: …	Unterscheidung Kardinalzahl/Ordinalzahl (Mengendimension des Zahlbegriffs/Rangplatz oder Stellung in der Zahlenreihe) **tF**: bei Bestimmung der siebten Kugel wird ab der angekreuzten dritten gezählt; «Ich habe 11 Kugeln angekreuzt.»	Die beiden Dimensionen des Zahlbegriffs geraten durcheinander (führt oft zu Fehlern um ± 1 beim zählenden Rechnen).
2 a) Wo sind mehr?	Erkennen der Invarianz: Leitet das Kind von den Eigenschaften oder der räumlichen Anordnung der Kugeln die Anzahl ab? **tF**: Die Kugeln, die mehr Raum einnehmen, werden als größere Menge angegeben (Fehler beim Prüfen der wahrnehmungsfähigen Übereinstimmung der Elemente zweier Mengen).	Kind kann von der geistigen Entwicklung her nur eine Beurteilungsdimension eines Objektes berücksichtigen (nach Piaget). Weitere Diagnostik nötig.
2 b) Größer oder kleiner?	Mengenvergleich (Bestimmung der Ordnungsrelation von Zahlen): zu lösen über «ist mehr» oder «ist in der Zahlenreihe weiter hinten» **tF**: Relation richtig bestimmt, lediglich Symbol falsch	Zahlbegriffsschwäche
2 c) Ordne …	Mengenvergleich und Orientierung im Zahlenraum: zu lösen über «ist mehr» oder «ist in der Zahlenreihe weiter hinten» **tF**: Auslassungen; völlige Verwirrtheit, wenn eine Zahl nicht passt, und Beginn von vorne	vermutlich keine innere Vorstellung der Zahlenreihe (im Sinne eines Zahlenstrahls); ungenaues Arbeiten; Orientierungsschwierigkeiten
3 Addition und Subtraktion im ersten Zehner	E ± E ohne Zehnerübergang (ZÜ), erste Rechenstrategien wie Verdoppeln und Halbieren, Zerlegen und Zusammensetzen, gleich- und gegensinniges Verändern, Rechnen bis zur 10 als Voraussetzung für ZÜ **tF**: Fehler um ± 1 (z. B. beim Weiterzählen Mitzählen des ersten Summanden: 3 + 6, gerechnet: 3, 4, 5, 6, 7, 8 = 8), besondere Schwierigkeiten bei der Subtraktion	bei grundlegenden Problemen mangelndes Operationsverständnis, fehlerhafte Zählstrategien; bei Problemen mit der Subtraktion mangelnde Umkehrbarkeit der Zahlenreihe

4 Addition und Subtraktion im zweiten Zehner	ZE ± E ohne ZÜ, erste Rechenstrategien, insbesondere Nutzen der Analogie innerhalb der Zehnerräume **tF**: Zählfehler wegen Unsicherheiten in der Zahlenreihe bis 20	bei grundlegenden Problemen mangelndes Operationsverständnis, fehlerhafte Zählstrategien, mangelnde operative Flexibilität; bei Problemen mit der Subtraktion mangelnde Umkehrbarkeit der Zahlenreihe
5 Addition und Subtraktion mit Zehnerübergang	E ± E mit ZÜ als Voraussetzung für sichere Addition und Subtraktion in größeren Zahlenräumen; Strategien für den Zehnerübergang wie Zerlegen und Rechnen bis zum Zehner, Verdoppeln, andere Zerlegungen etc. **tF**: Hemmung des Rechenvorgangs durch den Zehnerübergang	mangelnde operative Flexibilität, speziell: mangelnde Fähigkeit zur regelgerechten Zerlegung einer Operation in Teilschritte
6 Sachaufgaben	Übertragung einer Sachsituation / Handlungsbeschreibung in Rechenoperation, Erkennen von «was ist gegeben, was gesucht?»	mangelnde Abstraktionsfähigkeit, mangelnde Einsicht in - Sachstruktur - sprachlich-syntaktische Struktur - Zusammenhang zwischen realer Handlung und mathematischer Operation (= mangelndes Operationsverständnis); impulsiver Problemlösestil

Name der Aufgabe	Anforderungen an das Kind/ spezifischer Inhalt, der geprüft wird; typische Fehler (tF)	Schwierigkeiten beim Lösen der Aufgabe können auf folgende spezifische Rechenschwäche hinweisen:
1 a) Wie viele sind das?	Mengenerfassung: die ersten drei Mengenbilder, zumindest aber das erste Mengenbild, sollten die Kinder simultan erfassen können **tF**: «Vertippen» beim Auszählen ungeordneter Mengen, falsch geschriebene Ziffern	evtl. Wahrnehmungsschwäche; Zählschwäche; Zahlbegriffsschwäche, z. B. wenn gesehene Menge und notierte Ziffer nicht übereinstimmen
1 b) Zähle …	Zahlenreihe (Seriation) als Voraussetzung für das erste zählende Rechnen; Sicherheit in der Aufeinanderfolge der Zahlen, Umkehrbarkeit der Zahlenreihe beim Rückwärtszählen **tF**: Auslassungen, Stocken bei den Zehnerübergängen	Zahlbegriffsschwäche hinsichtlich Seriationsleistung
1 c) Vorgänger/ Nachfolger	Ausschnitte der Zahlenreihe: zu lösen über −1 / +1 oder eins nach links/eins nach rechts auf dem Zahlenstrahl **tF**: Probleme bei der Über-/Unterschreitung der Zehner	Zahlbegriffsschwäche hinsichtlich Seriationsleistung, vermutlich keine innere Vorstellung der Zahlenreihe (im Sinne eines Zahlenstrahls)
2 a) Größer oder kleiner?	Mengenvergleich (Bestimmung der Ordnungsrelation von Zahlen): zu lösen über «ist mehr» oder «ist in der Zahlenreihe weiter hinten»; Kenntnis der Stellenwerte **tF**: Relation richtig bestimmt, lediglich Symbol falsch; «Zahlendreher»	Zahlbegriffsschwäche; bei Zahlendrehern Missachtung des Stellenwerts einer Ziffer bzw. Richtungsstörung
2 b) Ordne …	Mengenvergleich und Orientierung im Zahlenraum: zu lösen über «ist mehr» / «ist weniger» oder «ist in der Zahlenreihe weiter hinten» / «… weiter vorn» **tF**: Auslassungen; völlige Verwirrtheit, wenn eine Zahl nicht passt, und Beginn von vorne	vermutlich keine innere Vorstellung der Zahlenreihe (im Sinne eines Zahlenstrahls); ungenaues Arbeiten, Orientierungsschwierigkeiten
3 Addition und Subtraktion bis 20 mit Zehnerübergang	E ± E mit ZÜ als Voraussetzung für sichere Addition und Subtraktion in größeren Zahlenräumen, Strategien für den Zehnerübergang wie Zerlegen und Rechnen bis zum Zehner, Verdoppeln, andere Zerlegungen etc. **tF**: Hemmung des Rechenvorgangs durch den Zehnerübergang	mangelnde operative Flexibilität, speziell: mangelnde Fähigkeit zur regelgerechten Zerlegung einer Operation in Teilschritte
4 Addition und Subtraktion von Einerzahlen bis 100	ZE ± E ohne und mit ZÜ; Rechenstrategien, insbesondere Nutzen von Analogien **tF**: weiterhin zählendes Rechnen und dadurch Probleme, weil «Finger nicht reichen»	operative Abstraktionsschwäche (bei Fingerrechnen), mangelnde operative Flexibilität; Transferschwierigkeiten
5 Addition und Subtraktion bis 100	ZE ± ZE ohne und mit ZÜ; Kombination von verschiedenen Rechenstrategien (Zerlegung, Technik für ZÜ, Vertauschung) **tF**: Vertauschung von Zehnern und Einern, Addition / Subtraktion von Z einzeln und von E einzeln (und dabei Unterschlagung des Zehners von der Summe / Differenz der E), Übertragung der Kommutativität auf die Subtraktion	mangelnde operative Flexibilität; bei regelwidriger Anwendung von Rechengesetzen algorithmische Fehlstrategien; Missachtung des dekadischen Positionssystems; Richtungsstörung im Ziffernumgang (bei Vertauschung Z und E)

6 Sachaufgaben	Übertragung einer Sachsituation / Handlungsbeschreibung in Rechenoperation, Erkennen von «was ist gegeben, was gesucht?»	mangelnde Abstraktionsfähigkeit; mangelnde Einsicht in - Sachstruktur - sprachlich-syntaktische Struktur - Zusammenhang zwischen realer Handlung und mathematischer Operation (= mangelndes Operationsverständnis); impulsiver Problemlösestil
7 a) kleines Einmaleins und die dazugehörigen Divisionsaufgaben	kleines 1x1: sicheres Beherrschen der Grundaufgaben bzw. bei Unsicherheit Rückgriff auf bekannte Aufgaben und Zerlegung (z. B.: $6 \cdot 2 = 5 \cdot 2 + 2$); Erkennen und Ausnutzen der Umkehraufgaben **tF**: fehlerhaftes Zerlegen, beim Lösen durch fortgesetzte Addition wird ein Summand vergessen / zu viel addiert	Bei langsam lernenden Kindern ist die unzureichende Beherrschung der Multiplikation im zweiten Schuljahr noch nicht unbedingt ein Hinweis auf eine spezifische Rechenschwäche.
7 b) Schreibe als ...	Herleitung der Multiplikation aus der Addition	mangelndes Operationsverständnis
8 Sachaufgaben	Umsetzen einer Sachsituation zum Vereinigen gleichmächtiger Mengen bzw. Verteilen in die entsprechende Rechenoperation: Multiplikation bzw. Division; Umsetzen eines Bildes in eine Rechenoperation (ohne Bild fortgeschrittene Abstraktion, doch auf Nachfrage sollte das Bild erklärt werden können) **tF**: Reihenfolge von Dividend und Divisor wird in der vierten Aufgabe aus dem Text übernommen	mangelnde Einsicht in die Sachstruktur; mangelndes Operationsverständnis; impulsiver Problemlösestil

Name der Aufgabe	Anforderungen an das Kind/ spezifischer Inhalt, der geprüft wird; typische Fehler (tF)	Schwierigkeiten beim Lösen der Aufgabe können auf folgende spezifische Rechenschwäche hinweisen:
1 a) Addition und Subtraktion bis 20 mit Zehnerübergang	E ± E mit ZÜ als Voraussetzung für sichere Addition und Subtraktion in größeren Zahlenräumen, Strategien für den Zehnerübergang wie Zerlegen und Rechnen bis zum Zehner, Verdoppeln, andere Zerlegungen etc. **tF**: Hemmung des Rechenvorgangs durch den Zehnerübergang	mangelnde operative Flexibilität, speziell: mangelnde Fähigkeit zur regelgerechten Zerlegung einer Operation in Teilschritte
2 Addition und Subtraktion von Einerzahlen bis 100	ZE ± E ohne und mit ZÜ; Rechenstrategien, insbesondere Nutzen von Analogien tF: weiterhin zählendes Rechnen und dadurch Probleme, weil «Finger nicht reichen»	operative Abstraktionsschwäche (bei Fingerrechnen), mangelnde operative Flexibilität; Transferschwierigkeiten
3 Addition und Subtraktion bis 100	ZE ± ZE ohne und mit ZÜ; Kombination von verschiedenen Rechenstrategien (Zerlegung, Technik für ZÜ, Vertauschung) **tF**: Vertauschung von Zehnern und Einern, Addition/Subtraktion von Z einzeln und von E einzeln (und dabei Unterschlagung des Zehners von der Summe/Differenz der E), Übertragung der Kommutativität auf die Subtraktion	mangelnde operative Flexibilität, bei regelwidriger Anwendung von Rechengesetzen algorithmische Fehlstrategien; Missachtung des dekadischen Positionssystems; Richtungsstörung im Ziffernumgang (bei Vertauschung Z und E)
4 Sachaufgaben	Übertragung einer Sachsituation/ Handlungsbeschreibung in Rechenoperation, Erkennen von «was ist gegeben, was gesucht?»	mangelnde Abstraktionsfähigkeit; mangelnde Einsicht in - Sachstruktur - sprachlich-syntaktische Struktur - Zusammenhang zwischen realer Handlung und mathematischer Operation (= mangelndes Operationsverständnis); impulsiver Problemlösestil
5 a) Was kannst du …?	Die Frage ist möglichst offen gestellt, um einen Einblick in das individuelle Verständnis oder Unverständnis des Kindes vom dekadischen System zu bekommen.	
5 b)/c) Welche Zahlen sind das?/7H 1Z 5E …	Stellenwert (Verständnis der Bedeutung der Ziffernstellung); Bündelung in Zehnereinheiten [b) und c) jeweils untere Zeile]; **tF**: Fehler aufgrund der 0, Missachtung des Stellenwerts von Ziffern, falsche Übertragung auf nächstgrößere Position bei Zahlen ≥10 pro Spalte	Zahlbegriffsschwäche hinsichtlich Klassifikationsleistung; mangelnde Einsicht in den Aufbau des Dezimalsystems
5 d) Schreibe die Zahlen, die ich diktiere …	Übertragung von Zahlwort in Zahlzeichen (im Deutschen besonders schwierig, da beim Sprechen die Reihenfolge von Zehnern und Einern vertauscht ist); Stellenwert (Verständnis der Bedeutung der Ziffernstellung) **tF**: «Zahlendreher», Fehler in der Position der Null	mangelnde Unterscheidung Ziffer/ Zahl; Orientierungsschwierigkeiten, Richtungsstörung im Ziffernumgang

6 Größer oder kleiner?	Orientierung im Zahlenraum, Bestimmung der Ordnungsrelation von Zahlen; Ausnutzung der Stellenwerte beim Vergleichen	Zahlbegriffsschwäche, vermutlich mangelndes inneres Vorstellungsbild des vergrößerten Zahlenraumes
7 Rechne im Kopf	HZE ± ZE ohne und mit Zehner- und Hunderterübergang; flexible Anwendung und Kombination von Rechenstrategien und –gesetzen; Kopfrechnen **tF**: Vertauschung von Hundertern, Zehnern und Einern, Addition/Subtraktion von H, Z, E einzeln (und dabei Unterschlagung des Übertrags von der Summe / Differenz der E/Z), Übertragung der Kommutativität auf die Subtraktion; falsche Stellenzuordnung bei den Teiloperationen, unvollständige Rechnung (Zwischenergebnis als Lösung), Probleme beim Behalten der Zwischenergebnisse und Teiloperationen	mangelnde operative Flexibilität, bei regelwidriger Anwendung von Rechengesetzen algorithmische Fehlstrategien; Missachtung des dekadischen Positionssystems; Richtungsstörung im Ziffernumgang; auditive Kurzspeicherungsschwäche
8 a) schriftliche Addition	Ziffernrechnen (Anwendung eines Algorithmus): Voraussetzung ist fundiertes Verständnis der Stellenwertschreibweise und der Bündelung (Übertrag!) **tF**: Unsicherheiten im kleinen 1 + 1, Fehler beim Übertrag (keiner, falsche Stelle, zuviel etc.)	mangelndes Verständnis des dekadischen Positionssystems; mangelndes Verständnis des Algorithmus; algorithmische Fehlstrategien
8 b) Schriftliche Subtraktion	Ziffernrechnen (Anwendung eines Algorithmus): Voraussetzung ist fundiertes Verständnis der Stellenwertschreibweise und der Bündelung (Übertrag); bei Ergänzungsverfahren außerdem: Verständnis der Subtraktion als additives Ergänzen, Verständnis der Konstanz der Differenz bei gleichsinnigem Verändern von Minuend und Subtrahend **tF**: von Stelle zu Stelle wird die kleinere von der größeren Ziffer subtrahiert, Fehler beim Übertrag	mangelndes Verständnis des dekadischen Positionssystems; mangelndes Verständnis des Algorithmus; algorithmische Fehlstrategien
9 kleines Einmaleins und die dazugehörigen Divisionsaufgaben	kleines 1x1: sicheres Beherrschen der Grundaufgaben bzw. bei Unsicherheit Rückgriff auf bekannte Aufgaben und Zerlegung (z. B.: $6 \cdot 2 = 5 \cdot 2 + 2$); Erkennen und Ausnutzen der Umkehraufgaben **tF**: fehlerhaftes Zerlegen, beim Lösen durch fortgesetzte Addition wird ein Summand vergessen/zu viel addiert	mangelndes Operationsverständnis
10 großes Einmaleins und die dazugehörigen Divisionsaufgaben	großes 1x1: Anwendung von Rechenstrategien wie Einsatz von Analogieaufgaben aus dem kleinen 1x1 und geschickte Zerlegung in Teiloperationen **tF**: Vernachlässigen von Nullen, fehlerhaftes Addieren von Zwischenergebnissen	mangelnde operative Flexibilität
11 Sachaufgaben	Übertragung einer Sachsituation in Rechenoperation, 3. Aufgabe: Erkennen und Verknüpfen von Teiloperationen	mangelnde Abstraktionsfähigkeit; mangelnde Einsicht in - Sachstruktur - sprachlich-syntaktische Struktur - Zusammenhang zwischen realer Handlung und mathematischer Operation (= mangelndes Operationsverständnis); impulsiver Problemlösestil; mangelndes Verständnis von Größen

Name der Aufgabe	Anforderungen an das Kind/ spezifischer Inhalt, der geprüft wird; typische Fehler (tF)	Schwierigkeiten beim Lösen der Aufgabe können auf folgende spezifische Rechenschwäche hinweisen:
1 Addition und Subtraktion von Einerzahlen bis 100	ZE ± E ohne und mit ZÜ; Rechenstrategien, insbesondere Nutzen von Analogien **tF**: weiterhin zählendes Rechnen und dadurch Probleme, weil «Finger nicht reichen»	operative Abstraktionsschwäche (bei Fingerrechnen), mangelnde operative Flexibilität; Transferschwierigkeiten
2 Addition und Subtraktion bis 100	ZE ± ZE ohne und mit ZÜ; Kombination von verschiedenen Rechenstrategien (Zerlegung, Technik für ZÜ, Vertauschung) **tF**: Vertauschung von Zehnern und Einern, Addition/ Subtraktion von Z einzeln und von E einzeln (und dabei Unterschlagung des Zehners von der Summe/Differenz der E), Übertragung der Kommutativität auf die Subtraktion	mangelnde operative Flexibilität, bei regelwidriger Anwendung von Rechengesetzen algorithmische Fehlstrategien; Missachtung des de- kadischen Positionssystems; Richtungsstörung im Ziffernumgang (bei Vertauschung Z und E)
3 Sachaufgaben	Übertragung einer Sachsituation/Handlungsbeschreibung in Rechenoperation, Erkennen von «was ist gegeben, was gesucht?»	mangelnde Abstraktionsfähigkeit; mangelnde Einsicht in - Sachstruktur - sprachlich-syntaktische Struktur - Zusammenhang zwischen realer Handlung und mathematischer Operation (= mangelndes Operationsverständnis); impulsiver Problemlösestil
4 a) Was kannst du ...?	Die Frage ist möglichst offen gestellt, um einen Einblick in das individuelle Verständnis oder Unverständnis des Kindes vom dekadischen System zu bekommen.	
4 b)/c) Welche Zahlen sind das?/ 2T 8H 3Z 1E ...	Stellenwert (Verständnis der Bedeutung der Ziffernstellung); Bündelung in Zehnereinheiten [b): 4./5. Teilaufgabe; c): 3. Teilaufgabe]; **tF**: Fehler aufgrund der 0, Missachtung des Stellenwerts von Ziffern, falsche Übertragung auf nächstgrößere Position bei Zahlen ≥10 pro Spalte	Zahlbegriffsschwäche hinsichtlich Klassifikationsleistung; mangelnde Einsicht in den Aufbau des Dezimalsystems
4 d) Schreibe die Zahlen, die ich diktiere.	Übertragung von Zahlwort in Zahlzeichen (im Deutschen besonders schwierig, da beim Sprechen die Reihenfolge von Zehnern und Einern vertauscht ist); Stellenwert (Verständnis der Bedeutung der Ziffernstellung) **tF**: «Zahlendreher», Fehler in der Position der Null	mangelnde Unterscheidung Ziffer/ Zahl; Orientierungsschwierigkeiten, Richtungsstörung im Ziffernumgang
5 Größer oder kleiner?	Orientierung im Zahlenraum, Bestimmung der Ordnungsrelation von Zahlen; Ausnutzung der Stellenwerte beim Vergleichen	Zahlbegriffsschwäche, vermutlich mangelndes inneres Vorstellungsbild des vergrößerten Zahlenraumes
6 a) Schriftliche Addition	Ziffernrechnen (Anwendung eines Algorithmus): Voraussetzung ist fundiertes Verständnis der Stellenwertschreibweise und der Bündelung (Übertrag!) **tF**: Unsicherheiten im kleinen 1 + 1, Fehler beim Übertrag (keiner, falsche Stelle, zuviel etc.)	mangelndes Verständnis des dekadi- schen Positionssystems; mangelndes Verständnis des Algorithmus; algo- rithmische Fehlstrategien

6 b) Schriftliche Subtraktion	Ziffernrechnen (Anwendung eines Algorithmus): Voraussetzung ist fundiertes Verständnis der Stellenwertschreibweise und der Bündelung (Übertrag); bei *Ergänzungsverfahren* außerdem: Verständnis der Subtraktion als additives Ergänzen, Verständnis der Konstanz der Differenz bei gleichsinnigem Verändern von Minuend und Subtrahend; bei *Entbündelungsverfahren* außerdem: bei Aufgaben mit zwei Subtrahenden Aufteilung in zwei Teiloperationen **tF**: von Stelle zu Stelle wird die kleinere von der größeren Ziffer subtrahiert, Fehler beim Übertrag; bei Aufgaben mit zwei Subtrahenden schrittweise Subtraktion statt Addition der Subtrahenden bzw. Aufteilung in zwei Teiloperationen	mangelndes Verständnis des dekadischen Positionssystems; mangelndes Verständnis des Algorithmus; algorithmische Fehlstrategien
7 Rechne im Kopf.	HZE ± ZE ohne und mit Zehner- und Hunderterübergang; flexible Anwendung und Kombination von Rechenstrategien und -gesetzen; Kopfrechnen **tF**: Vertauschung von Hundertern, Zehnern und Einern, Addition/Subtraktion von H, Z, E einzeln (und dabei Unterschlagung des Übertrags von der Summe / Differenz der E/Z), Übertragung der Kommutativität auf die Subtraktion; falsche Stellenzuordnung bei den Teiloperationen, unvollständige Rechnung (Zwischenergebnis als Lösung), Probleme beim Behalten der Zwischenergebnisse und Teiloperationen	mangelnde operative Flexibilität, bei regelwidriger Anwendung von Rechengesetzen algorithmische Fehlstrategien; Missachtung des dekadischen Positionssystems; Richtungsstörung im Ziffernumgang; auditive Kurzspeicherungsschwäche
8 a) kleines Einmaleins und die dazugehörigen Divisionsaufgaben	kleines 1x1: sicheres Beherrschen der Grundaufgaben; Erkennen und Ausnutzen der Umkehraufgaben	mangelndes Operationsverständnis
8 b) Rechne im Kopf	großes 1x1: Anwendung von Rechenstrategien wie Einsatz von Analogieaufgaben aus dem kleinen 1x1 und geschickte Zerlegung in Teiloperationen **tF**: Vernachlässigen von Nullen, fehlerhaftes Addieren von Zwischenergebnissen	mangelnde operative Flexibilität
9 a) Schriftliche Multiplikation	Ziffernrechnen (Anwendung eines Algorithmus): Voraussetzung ist fundiertes Verständnis der Stellenwertschreibweise und des Distributivgesetzes **tF**: Fehler mit der «Behalteziffer», falsche Anordnung der Teilprodukte, abweichende Rechenrichtung;	mangelndes Verständnis des dekadischen Positionssystems; mangelndes Verständnis des Algorithmus; algorithmische Fehlstrategien; Fehlleistungen im Kodieren und Dekodieren mathematischer Symbole
9 b) Schriftliche Division	Ziffernrechnen (Anwendung eines Algorithmus): Voraussetzung ist fundiertes Verständnis der Stellenwertschreibweise und des Distributivgesetzes **tF**: Teilergebnis 0 wird ignoriert, Fehler beim «Herunterholen» von Ziffern, insbesondere der 0	mangelndes Verständnis des dekadischen Positionssystems; mangelndes Verständnis des Algorithmus; algorithmische Fehlstrategien; Fehlleistungen im Kodieren und Dekodieren mathematischer Symbole
10 Sachaufgaben	Übertragung einer Sachsituation in Rechenoperation, 3. Aufgabe: Erkennen und Verknüpfen von Teiloperationen	mangelnde Abstraktionsfähigkeit; mangelnde Einsicht in - Sachstruktur - sprachlich-syntaktische Struktur - Zusammenhang zwischen realer Handlung und mathematischer Operation (= mangelndes Operationsverständnis); impulsiver Problemlösestil; mangelndes Verständnis von Größen

Aufgabentyp	kommt vor in:	Erläuterungen: typische Fehler (tF)	Schwierigkeiten beim Lösen der Aufgaben können auf folgende spezifische Rechenschwäche hinweisen:
Umkehraufgaben	Klasse 1: 3, 4 Klasse 2: 3, 4, 7 Klasse 3: 1, 2, 9 Klasse 4: 2, 8	Es gilt: $a + b = c \Leftrightarrow c - b = a$ bzw. $c - a = b$ sowie $a \cdot b = c \Leftrightarrow c : b = a$ bzw. $c : a = b$. Nach Lorenz lernt man Rechnen weniger über die Rechenfertigkeit als stumpfes Verfahren als vielmehr über das Verständnis der Zahlbeziehungen und der Effekte von Operationen (1997, S. 94). Hat das Kind die Umkehrbarkeit (= Reversibilität) der Operationen verstanden, so verfügt es eher über ein bewegliches mathematisches Denken und kann flexibel auf Aufgabenstellungen eingehen, bei Unverständnis eher mechanisches Rechnen über unverstandene Algorithmen.	mangelndes Operationsverständnis und operative Flexibilität, mangelnde Problemlösefähigkeit
Platzhalteraufgaben	Klasse 1: 3, 4, 5 Klasse 2: 3, 4, 7 Klasse 3: 1, 2, 3, 9 Klasse 4: 1, 8	Im mathematischen Sinne drückt das Gleichheitszeichen aus, dass die Terme oder Zahlen rechts und links davon äquivalent sind. Kinder verstehen das Gleichheitszeichen häufig als «Aufforderung zum Ausrechnen» (Grissemann/Weber, S. 19). Darauf weisen z.B. folgende «bedeutungsblinde» Antworten hin: __ + 3 = 10 ergibt 13 (gerechnet 10 + 3). Zur Lösung der Aufgaben ist wiederum Anwendung der Umkehraufgabe nötig, also erlauben auch Platzhalteraufgaben eine Aussage über das Operationsverständnis des Kindes. **tF**: Austausch von Gleichheitszeichen und Operationszeichen (s. o.), falsche Rechenrichtung, «geht nicht zu rechnen»	Fehlleistungen im Dekodieren mathematischer Symbole, mangelndes Operationsverständnis und operative Flexibilität
Rechnen mit Null	Klasse 1: 3, 4 Klasse 2: 3, 7 Klasse 3: 2, 8, 9 Klasse 4: 1, 6, 8, 9	Die Null als leere Menge bedeutet für Kinder häufig «nichts», «kein»», nicht existent o. Ä. Das führt zum einen zu Schwierigkeiten beim Operieren mit der Null, denn mit «nichts» kann man nicht handeln, z. B. nichts dazutun. Den Kindern fehlt eine Vorstellung zum Rechnen mit der Null. Sie lernen deshalb häufig Regeln auswendig, die dann nicht korrekt angewendet werden (z. B.: $5 + 0 = 0$, $3 \cdot 0 = 3$). Zum anderen führt die falsche Vorstellung von der Null beim Rechnen in Stellenwerten (schriftlich) dazu, dass die Null einfach ignoriert wird. weiterer **tF**: Verwechslung von 0 und 1 in ihrer Auswirkung auf die Operation	Zahlbegriffsschwäche, Schwäche im Ziffernverständnis, mangelnde Einsicht in das dekadische Positionssystem

Aus Fehlern lernen –
Förderdiagnostik
Katrin Hasenbein

© 2004 Bildungshaus Schulbuchverlage
Westermann Schroedel Diesterweg
Schöningh Winklers GmbH, Braunschweig
www.diesterweg.de

Druck A^5 / Jahr 2017

Layout und Herstellung: Sonja Burk, Frankfurt am Main
Druck und Bindung: Westermann Druck Zwickau GmbH

ISBN 978-3-425-**01471**-5